壁・障害物

ゴール

図 3-1　シミュレーション起動時のグリッドワールド

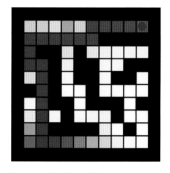

図 3-4　学習後のグリッドワールド

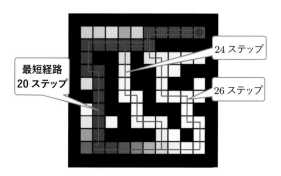

24 ステップ

最短経路
20 ステップ

26 ステップ

図 3-5　経路のステップ数比較

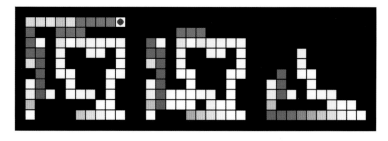

図 5-3　ターゲットタスクのグリッドワールド初期画面（Q テーブル再利用あり）

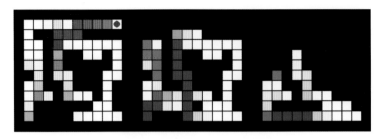

図 5-4　ターゲットタスクにおける学習結果（経路）

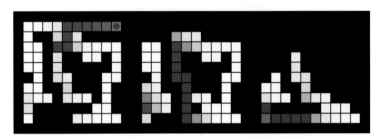

図 5-6　ターゲットタスクの環境における強化学習の学習結果（経路）

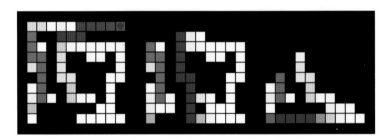

図 5-14　不適切なタスク間マッピングを行ったときの学習経路

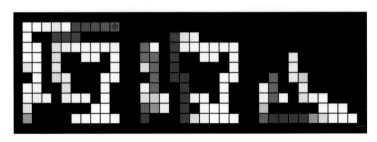

図 5-16　負の報酬を 0.0 にしたときの学習経路

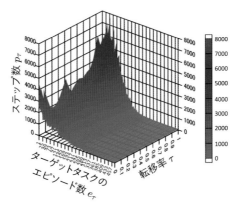

図 6-6　転移曲面の例

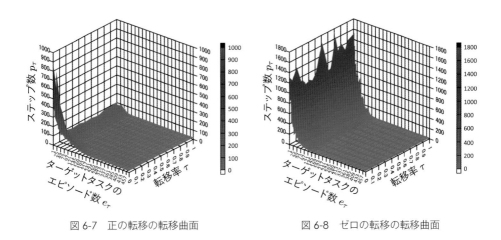

図 6-7　正の転移の転移曲面　　　　　　　　　　図 6-8　ゼロの転移の転移曲面

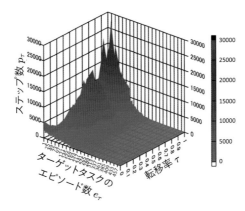

図 6-9　負の転移の転移曲面（転移率が低い領域では正の転移も発現している）

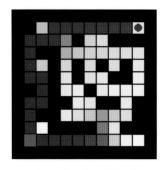

図 7-12　ソースタスクのグリッドワールド

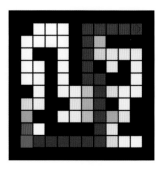

図 7-13　ターゲットタスクのグリッドワールド

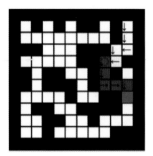 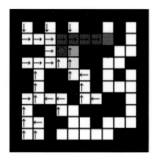

図 7-25　有益な方策の例

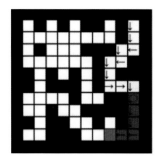 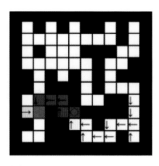

図 7-26　無益な方策の例

Pythonで実践する
強化学習と転移学習

河野 仁 著

森北出版

まえがき

　近年，AI や人工知能，知能ロボット，はたまた人工知能ロボットなど様々な知能化関連技術に対する関心が高まっている．そのきっかけとして，ディープラーニング（深層学習）や DQN（深層強化学習）などの AI の登場により将来なくなる職業が噂されていること，将棋の電王戦で AI がヒトに勝利したことや，自動車会社各社がこぞって自動運転を開発していることなどが考えられる．これらにより，人工知能やロボットなどの様々な技術や概念，用語が一層一般的な用語として普及したといえるだろう．しかし本書は多くの知能化技術を紹介する内容ではなく「強化学習における転移学習」という機械学習のある分野にフォーカスしている．転移学習とは，ざっくりというと「知識の再利用」である．学習の高速化やロボットの適応性能向上が見込める技術であるが，本書でとりあげる強化学習だけでなく，ディープラーニングなどの他の機械学習技術でも転移学習が可能である．本書はあえてディープラーニングや DQN などはとりあげず，強化学習に的を絞っているので注意されたい．著者が本書を執筆するにいたった動機として，機械学習の転移学習に関する日本語の書籍がなく，専門書の数ページで紹介されるくらいの扱いであったことがある．とりわけ強化学習における転移学習は情報が少なかった．したがって，研究室の学生に転移学習を説明するとき，著者が直接説明するか，論文を読ませるしかなかったため，もうちょっときちんと解説がしてあり，しかも自身でプログラムを動かして動作を体感できる本があるとよいなぁ，という軽い気持ちで書き始めた．本書は，第 5 章くらいまでの内容であればガッツのある高校生や情報系の素養のある大学生，第 6, 7, 8 章は研究室に所属する大学生や大学院生，社会人なども参考にできるように心掛けて執筆している．Python のプログラミング経験者であることも前提としているが，他の言語を習得している方なら，知っている言語に置き換えて読むことは可能であると思う．

　本書の第 1 章では強化学習や転移学習に関して概説し，第 2 章で強化学習の理論的な内容について述べる．理論的な内容が難しいと感じた場合は，第 3 章を読んでから第 2 章に戻ってもよいだろう．第 3 章では，強化学習の計算機シミュレーションを用意している．ここでは著者が作成した Python プログラムを読者のパソコンに実際に導入し，プログラムを実行することで，概念や理論だけでなく，強化学習を動作イメー

ジとして読者に理解してもらえるようにした．第 4 章では，本書の主題である「強化学習における転移学習」の理論や方法論を述べる．もちろん第 2 章と同様に，第 5 章のシミュレーションを読んでから第 4 章に戻ってもよい．第 5 章では，「強化学習における転移学習」のシミュレーションを用意し，転移学習とよばれる知識の再利用を実行することで，どのような現象が起こるのか，目で見てわかるようにした．第 6 章ではシミュレーションの結果を踏まえて課題などについて議論し，第 7 章では強化学習における転移学習にてどのような研究がなされているのか，著者らの研究も踏まえていくつか論文の内容を紹介している．本書の内容は，すぐには読者諸賢の研究や業務などに役立たないかもしれないが，計算機シミュレーションなどを通じて，少しでも好奇心や知識欲の刺激になれば幸いである．

2022 年 7 月

著　者

目次

CHAPTER

1

強化学習と転移学習

　最近では，ロボットや人工知能技術が普及し，ディープラーニング (deep learning) や強化学習，転移学習などの技術も認知度が上がっていると感じる．しかし，機械学習や学習アルゴリズムという言葉は知っていても，自分のやりたいことに即した応用が難しかったり，どこまで実現可能かよくわからない，という方も多いだろう．さらに，強化学習はライブラリがいくつか公開されているものの，改造するにはハードルが高い．転移学習にいたっては，フルスクラッチでコーディングする必要がある．

　本書の主題である転移学習について少し紐解いてみると，転移学習は「別のタスクで獲得した知識を用いて，新しいタスクの効果的な仮説を作る問題」といえるが，事前知識や用語の説明なしに理解するのはなかなか難しい表現である[1]．そんな方のために，理論的な話の前に，本書で取り扱う強化学習，転移学習といった専門用語を定性的に説明する．概念やおおまかな仕組みを理解してもらえればと思う．

1.1　強化学習とは

　強化学習 (reinforcement learning) は学習するためのアルゴリズムであるが，深層学習などの他の学習手法とどのような違いがあるのだろうか？　それは「報酬による行動の強化」や「報酬を多くもらえるようにする」というところにポイントがある．学習したいこと，たとえば迷路を解いたりするための有益な行動を，ゴールという報酬により強化することによって，最適な行動選択を行えるように学習を進めていくのが強化学習である．

　強化学習を表すのによく用いられるたとえとして，動物が餌のある場所を探したり，お腹が減ったら過去に餌のあった場所に行くような，一連の行動がある．強化学習は，動物の基本的な行動原理をモデル化しているともいえるだろう．現象的には，ヒトにも強化学習のような学習行動がある．たとえば，あなたは小腹が減ったとしよう．キッチンの引き出しや床下収納を開けて探し，戸棚に大福*1が入っていたらラッキーであ

---

*1　おやつの種類はもちろん本質的ではなく，単に著者の好みである．

る．また別の日に小腹が減ったら，同じキッチンの戸棚に大福もしくはお菓子が入ってることを期待し，優先的に探査行動するだろう．そして「今日は羊羹だ，ラッキー！毎回キッチンに来ればお菓子にありつけるぜ！」となるわけである．実際のところ，ヒトの学習は強化学習よりかなり高次なシステムによって成り立っていると考えられるのでこの例のとおりではないが，少なからず強化学習 "的" な行動をとっていることには誰もが頷くところだろう．

ここで，もう少し別例を説明をしてみよう．**スキナー箱** (Skinner box) は，B. F. Skinner によって動物の行動実験に用いられた装置であり，図1-1 のような構成となっている[2]．箱の中にネズミがいて，箱内のベルが鳴ったときスイッチを押すと餌が出てくる仕組みとなっている．もちろん，ネズミは最初餌のもらい方を知らない．ネズミは空腹となり，部屋の中をいろいろと探し回る．ベルが鳴ったとき，たまたまスイッチに触れ食べ物が手に入ると，ネズミは徐々にベルに反応してスイッチを押すという行動を獲得していく．また，ベルが鳴っていないときは，ネズミは餌が得られないと感じスイッチを押さなくなる．これを強化とよび，スイッチを押す行動は餌により強化されたとよぶ．ベルは先行刺激という役割を持ち，ネズミはベルが鳴ったらスイッチを押し，餌を獲得するという一連の行動を学習することになる．

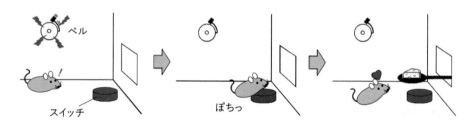

ベル
スイッチ
ぽちっ

図 1-1　スキナー箱実験のイメージ

犬の調教もこれに似ており，「おすわり」という飼い主の言葉もしくは合図で特定の行動を達成できた場合に餌を与えると，犬は餌がほしいがために飼い主の「おすわり」命令に従う振る舞いを見せることがある．あえて犬の例を出したのには，似たような実験や現象として**パブロフの犬**（古典的条件付け）があるからである．パブロフの犬は，餌に対する唾液分泌の条件反射を確認するもので，身体的な行動は伴わないが，原理的には「強化」といえる．

では，次は一般的な強化学習の流れについて説明していこう．ベルマン方程式や学習の収束性などの込み入った話は他の良書[3, 4, 5, 6] に任せるとして，本章では，本書の理解に必要な内容に絞って解説する．

まず，強化学習の学習主体を**エージェント**とよぶことにする．もちろん，エージェ

ントには我々ヒトのように活動する場があり，それを**環境**とよぶ．図 1-2 は，強化学習のエージェントや環境の関係を表す概念図である．エージェントは，環境を観測して得られる**状態** (state) に対して**行動** (action) を行うことができる．環境は，エージェントの行動の結果として，新たな環境状態（環境の次状態）を返す．さらに，エージェントが目的を達成したりすることによって，環境はエージェントに**報酬** (reward) を渡す．なお，状態は我々が思う環境（家や街，自然）である必要はない．ロボットの機構そのものや，モータの回転量・回転角度などのセンサ情報自体も状態として記述できる．状態とは，意思決定メカニズムが任意に変更することのできないモノと考えるとよい[3]．

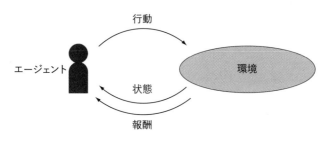

図 1-2　強化学習の基本的な構成

　エージェントは，環境観測と行動，報酬獲得をランダム性を持った行動（**探査行動**）とともに繰り返すことで，目的達成への最適な解（迷路においては最短経路）を獲得する．たとえば，強化学習の代表的手法である Q 学習は，適切な環境設定やパラメータ設定，十分な学習時間を用いれば，必ず（確率 1 で）*2最適解の獲得が可能であることが証明されている[7]．もちろん，すべての強化学習アルゴリズムが上記の証明をされているわけではなく，Q 学習であっても，少し条件を変えただけで最適解の獲得が保証されなくなることに注意が必要である．

　学習エージェントが行動を 1 回行うことを **1 ステップ** (step) とよび，スタート状態からゴールの状態までのステップの系列を **1 エピソード** (episode) とよぶ．たとえば，あるシミュレーションは 1000 エピソード行わないと学習が完了しないとする．その学習の再現性を確認するために同じ学習を複数回試行する場合，そのそれぞれの試行を**トライアル** (trial) とよぶ．

　すなわち，強化学習とは，試行錯誤的な行動の末に得られた報酬をもとに，より多くの報酬を得られるように行動を学習することなのである．ヒトでも「味を占める」という表現があるが，これも一種の強化であるといえるだろう．それほど「強化学習」

---

*2　確率 1 での収束なので概収束であり，確率収束ではない．

という言葉は身近なものである．ただし，強化学習と異なり，ヒトの学習回数は非常に少なくて済む．

本書でとりあげる強化学習はあくまでもアルゴリズムであり，プログラム化してロボットに実装すればすぐさまロボット自身でバッテリ充電ステーションに移動してくれたり，荷物をヒトのところまで運んできてくれるような便利なものではない．学習可能な環境を構築したり，報酬（何をよしとするか）や学習率，割引率，行動選択のアルゴリズムなど，様々な機能やパラメータをヒトが設定しなければならない．さらに，複数のタスクを同時に学習するのは通常は難しい．

本章では，まず強化学習のイメージを掴んでもらい，具体的なメカニズムに関しては次章にて説明する．ちなみに，強化学習により獲得した振る舞い，すなわちある状況のときにどのような行動をとったほうがよいのかが記されたデータを方策や行動価値関数などとよぶ．本章では，強化学習に限らず学習によって得られたモノを**知識**とよぶことにする．

1.2　強化学習が得意なこと・苦手なこと

強化学習は「学習」のためのアルゴリズムであるが，なんでもかんでも学習できる方法ではなく，得意不得意やメリット・デメリットもある．得意なのは，問題に対する解を自分から探査し学習することである．さらには，ヒトよりよい解を発見できる可能性もあり，なかなか夢がある技術である．また，動作や概念が直感的に受け入れられやすく，アルゴリズムとしての実装も容易である．簡単な計算シミュレーションであれば，少しプログラミング言語を勉強し，強化学習の解説書を読めば実装は可能である．手計算でも強化学習を実行することはもちろん可能で，初学者にとって機械学習の入り口としてよいアルゴリズムかもしれない．

強化学習では解くのが難しい問題として，知識利用 (exploitation) と探査 (exploration) のトレードオフ問題がある．これは**知識利用と探査のジレンマ (exploration-exploitation dilemma)** とよばれている．学習初期段階のエージェントは，知識を持たないため，がむしゃらに探査するのがよしとされる．しかし，ある程度学習が進んだあとは，学習途中の知識をどれくらい信用して知識を使っていいのかを判断する必要がある．学習途中の知識は最適解でないかもしれず，その場合は新たな探査をしたほうがよい．しかし，探査してもよりよい解が得られるとは限らない．これが知識利用と探査のジレンマである．この問題は，強化学習で用いられる学習率や割引率というパラメータを適切に調整することで，上手に避けることができる．なお，転移学習においてもこのジレンマは発生することを覚えておくとよいだろう．

　また，強化学習に限らない話であるが，コンピュータによる学習には，ヒトと同じく時間が必要である．たとえば，学習シミュレーションを一晩実行しても期待する結果が出てこないことがある．探査空間が広大（たとえばロボットが移動できるエリアが広い）であったり，タスクが複雑（アレをしてからコレをするといった仕事）であったりすると，長時間学習が終わらなかったり，挙句の果てには学習結果が使いものにならなかったりすることもある．これは，適切な環境設定や報酬設計を行うことで改善されることがある．適切な学習環境を整えることにより，強化学習の持つ性能を引き出し，結果としてヒトより適切な解を発見することも可能である．

　他にも，我々が生活するような，情報であふれている環境での強化学習は大変である．これは学習時間にも関連するが，一番問題なのは探査空間が広いことにより，知識を保存するためのメモリが不足するということである．これは**状態空間爆発** (state space explosion) や次元の呪い (curse of dimensionality)，組み合わせ爆発 (combinatorial explosion) などとよばれる問題である．実装しやすい強化学習を考えたとき，状態空間は離散的に記述され，コンピュータのメモリに格納される．エージェントが識別できる状態の種類を増やしていくと，強化学習は無限に近い環境状態をメモリに保存する必要があり，計算量が爆発する．極端な例ではあるが，図1-3を見てほしい．アームロボットの各関節が360°の角度を1°単位で制御できたとする．任意の場所にハンドを持っていく場合，考えなければいけない状態の数（各関節角の組み合わせ）は，関節数がnのとき360^nとなる．これだけ見ると計算可能なように見えるが，計算してみると関節の数$n=3$のときでさえ全状態は46656000である．プログラムの配列の数としてメモリに実装したら爆発しそうである．$n=3$以上の場合は言わずもがなである．

　あらかじめ状態空間を削減した表現や連続量の離散化，センサ情報の粗視化も状態数の削減に有益な手法の一種であるが，別のアプローチとして，知識を**人工ニューラルネットワーク** (artificial neural network) やディープラーニングなどを用いて関数近

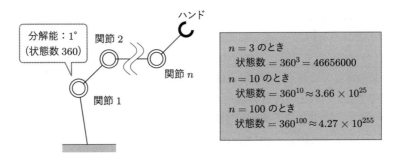

図1-3　状態空間爆発の例

似することで，状態空間爆発が問題とならなくなる場合がある（2.4節参照）.

1.3 機械学習と強化学習の関係

代表的な**機械学習**手法としては，人工ニューラルネットワークや SVM (**Support Vector Machine**)，k-meansなどがある．これらは，学習の際に教師データ（正解）を必要とするか否かで，**教師あり学習**と**教師なし学習**に分類される（図1-4）．たとえば，ディープラーニングは教師あり学習である．一方，強化学習は教師あり学習でも教師なし学習でもない，第3の分野に分類される．

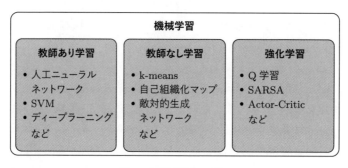

図1-4 機械学習の分類

次節から述べる転移学習は，強化学習固有の方法ではない．そのため，強化学習以外の機械学習＋転移学習という実装もありうる．本書で取り扱う転移学習は，独立して存在する技術ではなく，機械学習の上で成立・動作する一種のフレームワークと考えるとよい．

1.4 転移学習とは

これまで，強化学習を主に説明してきたが，本書のもう1つの狙いである**転移学習** (transfer learning) についても説明する．転移学習を一言で表すと「学習した**知識の再利用**」である．ここでは，「学習の本質とは何か？」「真の知識とは何か？」という難しい議論は置いておく．転移学習は，読者の全員が必ず行っていることでもある．ある何かを学習したとき，それに関連することを，1から学習するより早く成し遂げることができる．たとえば，テニス経験者は，そうでない人に比べてバドミントンの上達が早い．ヒトがこのように学習していることを，ロボットでも同じように実現するのが転移学習である．

　ロボットにおける転移学習を考えてみよう．まず，経験や知識の再利用というイメージでとらえて，図1-5を見てほしい．左側のロボットで学習した経験や知識（図中では本の形で書かれている）を，センサの種類やタイヤの配置などの異なる（身体性が異なる），他のロボットに引き渡す（データコピーする）．これにより，右側のロボットは1から学習を行うことなく，他のロボットが獲得した知識を活用して新たな問題に立ち向かうことができる．

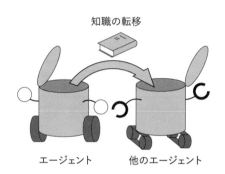

知職の転移

エージェント　　　　他のエージェント

図1-5　ロボットによる転移学習のイメージ

　もちろん，知識の再利用が必ずしも有効であるとは限らない．過去に得た知識を使うがゆえに，新たな環境に適応できない**過学習***3状態に陥る可能性も大いにある．ともあれ，過去に学習した経験や知識を再利用することは直感的にもわかりやすい．

　ここで，注目してほしいことがある．人間における転移学習は，基本的に自分自身の経験や知識しか活用できない．つまり，他人の知識を脳から直接読み取り，再利用することはできない．一方，ロボットは他のロボットが獲得した知識がデータとして保存されているため，そのデータを自分にコピーすれば簡単に再利用が可能となる．さらに，ロボットの転移学習の最大の特徴は，身体性（ハードウェア）が異なるロボット間での転移学習が想定されている点である．世界中でまったく同じ構成（車輪の数や関節の数など）を持つロボットが使われているわけでもなく，さらには製品としてロボットを考えた場合，続々と後継機種や上位機種が出てきて身体性がどんどん変わっていくと考えたほうが自然だろう．そのような見方では，異なる身体性を持つロボット間を前提としている転移学習は，今後も有用であるといえる．

　心理学分野では，転移学習という概念は古くから研究がなされてきた[8]．もちろん，心理学での転移学習はヒトを対象とした転移学習である．教育分野にも関連し，ある

---

*3　ざっくりいうと，過学習とは学習のしすぎであり，ある環境に適応することで，その他の環境に適応できなくなる現象を指す．転移学習に限らず，強化学習や他の機械学習技術でも起こりうる．ヒトの学習でも起こるかもしれない．

学習の結果が，他の学習に及ぼす影響やメカニズムを議論している．認知科学分野で議論されることも多い[9]．

　機械学習分野では，1995年から転移学習という言葉が定着し始めたようである[1]．転移学習は発見的に現象を現した用語であるがゆえに様々な種類があり，論文の著者により概念や定義が異なる場合があるが，文献 [1] の以下の説明が簡潔に言い表しておりわかりやすい．

　　ある問題を効果的かつ効率的に解くために，別の関連した問題のデータや学習結
　　果を再利用するのが転移学習である．

1.4.1　転移学習の種類

　さらに，機械学習分野における転移学習の種類を見ていくと，次のように分類されている[10]．

- 教師あり転移学習 (supervised transfer learning)
- 教師なし転移学習 (unsupervised transfer learning)
- 半教師あり転移学習 (semi-supervised transfer learning)

　以下，ソースドメイン (source domain) は転移元，ターゲットドメイン (target domain) は転移先のことを指す．転移元と転移先は，それぞれ知識を作るところと使うところと考えればよい．教師あり転移学習では，ラベル付けされたデータ（教師データ）が転移先（ターゲットドメイン）での学習で使用でき，ラベル付けされていないデータは使用しない．ラベルとは，たとえば写真などのあるデータに，「猫」や「犬」といった人間が付与する情報と考えればよい．教師なし転移学習はラベル付けされていないデータしか使用できないため，ラベルはターゲットドメインにおいて自分で学習しなければならない．半教師あり転移学習は，十分なラベル付けされていないデータと，いくつかのラベル付けされたデータがターゲットドメインで使用可能であるような学習である．

　また，上記以外にも，帰納転移学習 (inductive transfer) やトランスダクティブ転移学習 (transductive transfer) といった種類があるが，これらについては他の文献を参照してほしい[1, 11, 12]．

1.4.2　転移学習で考慮すべき点

　実際に転移学習を行う際には，以下の3つの状況を考慮する必要がある[10]．

- 転移するタイミング (when to transfer)
- 転移するモノ (what to transfer)
- 転移する方法 (how to transfer)

上記だけでも何となく意味がわかるかもしれないが，以下で説明しよう．

転移するタイミング (when to transfer)

転移タイミングとは，どのような状況で知識を転移するのか，どのような状況で知識を転移しなければならないのかというシチュエーションを指す．ソースドメインとターゲットドメインはお互いに関連しているものでなければならず，さらにはソースドメインが複数ある場合，ターゲットドメインへの総当たり的な転移では失敗する可能性が高い．

すなわち，転移学習はソースドメインとターゲットドメインに関連性があることが前提となる．極端な話，まったく関連性がない場合に転移を行うと，ターゲットドメインにおける学習パフォーマンスに悪影響を及ぼす．これを**負の転移** (negative transfer) とよぶ．負の転移をいかに回避するかの議論は非常に重要な問題である[10]．なお，ソースドメインとターゲットドメインが相互に関連していることを前提とすると，議論すべきシチュエーションは「転移するモノ」と「転移する方法」に絞ることができる．

転移するモノ (what to transfer)

転移するモノとは，ドメインまたはタスク間で転移できる知識を指す．知識はドメインやタスクに固有であるが，一部の知識は異なるドメイン間やタスク間で活用でき，ターゲットドメインまたはタスクのパフォーマンス向上に貢献できる場合がある．

すなわち，どの知識を転移するのか？　それをどうやって決めるのか？　ということが重要だと述べている．転移する知識を決定するのは非常に難しく，すでに説明したとおり，総当たりで知識を転移しても徒労に終わる．現実的に考えても，ソースドメインとターゲットドメインの類似性などを考慮して決定する必要がある．

転移する方法 (how to transfer)

転移する方法は，転移学習の方法の形態を規定しており，いわば転移するための技法そのものを指す．これは，転移学習アルゴリズムの分類によって与えられる．

転移する方法で述べられている転移学習アルゴリズムの分類とは，具体的には以下の4つである．

- 事例ベースのアルゴリズム (instance-based algorithms)
- 特徴ベースのアルゴリズム (feature-based algorithms)

- モデルベースのアルゴリズム (model-based algorithms)
- 関係性ベースのアルゴリズム (relation-based algorithms)

これらのアルゴリズムの違いは，転移する知識のどの部分を重要視して転移学習するかという点にある[10]．簡単に説明すると，事例ベースのアルゴリズムは，ソースドメインとターゲットドメインで多くの共通する特徴があることを前提に，ソースドメインのラベル付きのデータ（事例や入力データなどとよばれる）を重みづけなどして調整し，ターゲットドメインで使えるようにする．特徴ベースのアルゴリズムは，ターゲットドメインで使用できるようにソースドメインのデータの特徴を変換し，ターゲットドメインでのトレーニングに使用する．モデルベースのアルゴリズムは，ソースドメインとターゲットドメインで学習のためのパラメータを共有することを前提に，ソースドメインで十分に学習したモデル（入力すると出力する学習した結果）をターゲットドメインに転移する．そこからターゲットドメインのデータを利用して転移したモデルの微調整を行う．関係性ベースのアルゴリズムは，ドメイン間またはタスク間で共通する事例があることを前提として，その共通する関連性を抽出する．そしてデータの対応関係を作成することで，転移するモデルはそのまま利用することができる．

このとおり，様々な方法を用いて転移が可能であるが，利用する機械学習によっては転移に使用できる方法も限られることもある．そのため，どのアルゴリズムを使用するかは慎重に選び，実際には論文などで効果を調べながら転移の方法を選択する必要がある．

1.5 強化学習における転移学習

強化学習における転移学習（transfer reinforcement learning，以降，**転移強化学習**ともよぶ）も，これまでの説明と同じく，ある学習エージェントが強化学習により獲得した知識を，他の学習エージェントが再利用する技術である．これにより，学習エージェントは環境における行動を1から学習する必要がなく，ある程度の予備知識をもった状態で新たな学習に挑める．そのため，環境適応の高速化や学習時間の短縮，新たな最適解の発見が達成できる場合がある．自然言語処理系や分類器系の転移学習と異なり，転移強化学習は明らかなラベルが知識に存在しないことも多い．また，転移先にどの知識が使えるかは明らかでない場合がほとんどで，実際にエージェントに知識を転移して，使える知識か使えない知識か判断せざるをえないだろう．

図1-6に，転移強化学習の概要を示す．強化学習はエージェントが環境と相互作用することで知識を獲得する．転移元で獲得した知識を，今度は転移先の異なる環境，異

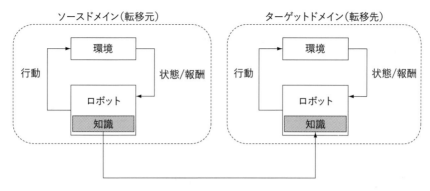

図 1-6 転移強化学習のイメージ

なるエージェントに再利用させる. これにより, 転移先のロボットはあらかじめ知識を持った状態で学習をスタートでき, 強化学習のように 1 から学習する必要がなくなる. ただし, これは適切な (有用な) 知識が転移されていることが前提となる. この一連の流れが転移学習であり, 学習理論や学習アルゴリズムというより, 強化学習の機能を高めるフレームワークという側面が強い. これは, 強化学習のアルゴリズムが存在しないと転移学習自体が成立せず, 仮に転移学習プログラムだけを開発しても学習が行えないからである.

では, 転移強化学習では, 実際にどのような効果が発現するだろうか. 転移強化学習の代表的な効果には, 以下の 3 つがある[14].

- ジャンプスタート (jump start)
- 学習速度改善 (learning speed improvement)
- 漸近的改善 (asymptotic improvement)

それぞれの効果を, **学習曲線 (learning curve)** を用いて説明していく. 学習曲線とは, 横軸に学習回数や経験時間などをとり, 縦軸に問題解決のパフォーマンス (具体的には速度や行動回数など) をとるグラフである. 学習初期ではパフォーマンスが低いわけであるが, 学習や経験を繰り返すと徐々に学習の効果が現れ, パフォーマンスが向上していく. この形が通常の学習曲線である. これにより, 学習や習熟度の早さ, 度合いを見ることができる. 転移学習や強化学習, 機械学習に限らず用いられている表現手法である.

図 1-7 に, ジャンプスタートの例を示す*4. 黒い実線が知識を転移しない通常の学習 (強化学習) であり, グレーの実線が転移学習を表している. 図のように, 転移に

---

*4 あくまでも例であるため, このような綺麗な曲線が現れる実験結果はそうそうない.

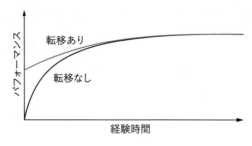

図 1-7 ジャンプスタート

よって学習初期のパフォーマンスがよくなる効果をジャンプスタートとよぶ. ジャンプスタートが発現すると，学習初期にもかかわらず，ある程度高いパフォーマンスを発揮できる状態から学習がスタートでき，解の獲得，すなわち学習曲線の収束までの時間的コストの低下が見込める.

次に，学習速度改善の例を図1-8に示す. これも図1-7と同様に，黒い実線が強化学習の学習曲線で，グレーの実線が転移学習の学習曲線である. 学習速度改善は，名前のとおり，パフォーマンスの上がる勾配が急になり，最適解の発見や学習曲線の収束が強化学習より高速になる効果である. ジャンプスタートと同様に，時間的コストの低下が見込める.

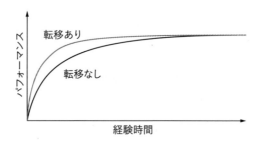

図 1-8 学習速度改善

最後に，漸近的改善の例を図 1-9 に示す. 黒い実線の強化学習の学習曲線よりも，グレーの実線の転移学習の学習曲線のほうが最終的によいパフォーマンスを示す，もしくは最適解が発見可能であることを意味している. しかし，強化学習の場合，環境が後述するマルコフ決定過程（2.2 節参照）であれば最適解の獲得が可能であるため，転移学習したからといってさらなる最適解の獲得を発見できるとは限らない. 著者の経験から考えると，環境が MDP でない動的環境，たとえばマルチエージェントシステムにおける強化学習では，転移学習を行うと，よりよいパフォーマンスの解を獲得できる場合がある[15].

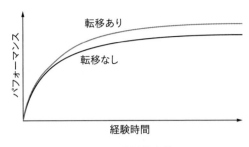

図 1-9 漸近的改善

　これらの効果は個別に発現するとは限らず，同時に発現することもある．また，転移学習を実行すると必ずいずれかの効果が発現するとも限らないので，注意が必要である．

1.6　知識再利用の意義

　第 1 章を締めくくるにあたり，ここでは転移学習，すなわち知識再利用の意義を述べてみよう．

　これまでにも述べたとおり，転移学習はソースドメインでエージェントが学習・獲得した知識を利用して，ターゲットドメインでの学習を改善する．これにより，ターゲットドメインのエージェントは，初期状態としてパフォーマンスが高くなる可能性がある．また，1 からターゲットドメインを学習するのと比較して，転移学習でソースドメインの知識を利用したほうが，ターゲットドメインでの学習時間をはじめ，プログラミング的なモデルの開発にかかる全体的なコストを削減することができる．さらには，ターゲットドメインのエージェントにおいて最終的に獲得するパフォーマンスが，知識の再利用によりさらによくなる可能性もある[12]．

　このとおり，ターゲットドメインでの学習の高速化や，パフォーマンスの改善，新たな最適解の発見など，具体的なメリットが転移学習にはある．すなわち，転移学習は，これまであるタスクを解き，最適解を発見することが目的であった強化学習の応用の幅を広げる技術であるということである．現在，ヒトが十分に賢いと思えるロボットやエージェントはまだ存在していない（と思われる）．転移学習を用いることで，学習器と知識を分離して考え，他のロボットやエージェントが知識の再利用を行え，よい知識も悪い知識も共有できる，より賢いロボットシステムや学習エージェントを構成することが可能になるだろう．現在では，よい知識を転移する研究や悪い知識を転移する研究，エージェントに再利用する知識を選択させる研究も存在する．転移学習は

成熟した技術ではなく，発展途上の技術である．フレームワーク寄りの技術であるため，他の様々な技術と融合し，ロボットやエージェントの知能化を加速させ，様々な分野への応用が広がる可能性がある．

　一方，少々ネガティブな話になってしまうが，強化学習における転移学習で効果が得られるシチュエーションは，現状それほど多くない．論文では，うまくいった実験や事例を主張しているため，成果だけを見ていると技術が発展していると考えてしまうが，新たな成果が得られた分，新たな課題も見えるため，引き続き研究，開発，効果検証が必要である．本書で述べる転移強化学習の手法は，まだまだ発展途上であるが，期待の持てる技術ということを念頭に置いて読み進めてもらえると嬉しい．

コラム 1 実機ロボットで強化学習

　著者は，実機でも強化学習してみないと議論は始まらないと考え，過去に簡単な実機ロボット強化学習を 1 から構築した．使用するロボットは，著者が学生時代に実験用に開発した小形汎用**全方向移動ロボット**プラットフォーム ZEN-Q である（図1）．ZEN-Q は 4 輪のオムニホイールで構成された全方向移動台車を有し，各オムニホイールをそれぞれに接続されたモータにより駆動する．さらに，赤外線距離センサが 8 個，ロボットの周囲方向を測定する方向に実装されており，周囲の物体との衝突回避が可能である．

5.5 cm

図1　小形汎用全方向移動ロボットプラットフォーム ZEN-Q

　ZEN-Q は，図 2 のように基準方向に対し前後左右に移動できる．また，図 3 のようにロボットの周囲 8 方向に赤外線距離センサ S_1〜S_8 が搭載され，距離に応じた 4 分解能で周囲の障害物を認識可能である．ロボットは，0.5 秒間隔で行動を選択し，最大約 8 cm/s で移動

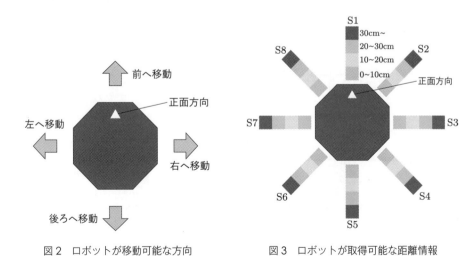

図2　ロボットが移動可能な方向　　　　　図3　ロボットが取得可能な距離情報

することが可能である．強化学習のアルゴリズムが実装されており，学習した知識はロボット内の組込計算機のメインメモリ内に保存される．

　本実験の最短経路問題のロボットのスタート地点やゴール地点，フィールド内の大きさは**図4**のとおりである．ロボットは必ずスタート地点から移動を開始し学習を行う．ゴール地点に到達すると報酬が獲得でき，ゴール地点に到達したロボットは手動でスタート地点に戻され，次エピソードを実行する．この一連の流れを 3000 エピソード行った．実験時間の都合により，トライアルは 1 回である．

　学習の結果得られた学習曲線を**図5**に示す．横軸がエピソード数，縦軸はゴールまでに要した行動回数である．スタートからゴールまでの移動距離も短く，探査空間も狭いため，学習曲線には比較的すんなり収束傾向が現れていると思うかもしれない．しかし，学習にかかったステップ数を計算すると，580019 ステップという数が得られる．すでに述べたとおり，1行動 0.5 秒で実行できたとすると，約 290010 秒，すなわち実験に 80 時間程度を費やしていることがわかる．実際にはロボットのメンテナンスや学習の失敗，謎のフリーズなどを考慮すると，もっと多くの時間を費やしている．この結果から主張したいことは，実機ロボットでも学習が可能であるということではなく，1 から実機で強化学習を行う場合，途方もない時間が必要であるということである．

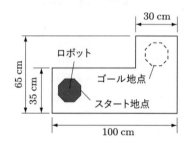

図 4　スタート位置とゴール位置

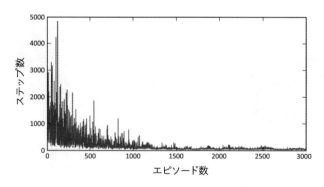

図 5　実機ロボットで最短経路問題を解いたときの学習曲線

　ここまで本書を読み進めた聡明なる読者であれば，実機で1から強化学習するという二の轍を踏まず，シミュレータに頼ろう！　もしくは，シミュレータから実機への転移学習を実践しよう！

　とはいえ，たとえば探査空間の狭いロボットなら，シミュレータを利用しなくても，十分実機で強化学習が可能である．面白い例として，YouTube で公開されている Hochschule Ravensburg-Weingarten University の動画『Artificial Intelligence Lecture No. 21』の 1:08:30 から，シンプルなロボットの強化学習を見ることができる[57]．他にも，文献 [58] には，いくつかの実機ロボットでの強化学習例が紹介されており，大変興味深い．

強化学習の理論

　本章では，強化学習の理論的な内容について述べる．とにかく早く強化学習シミュレーションを触ってみたいという読者は，次章の強化学習シミュレーションに進んでいただいてかまわない．強化学習の動作の流れなどを掴んだら，本章に戻ってくるとよい．

　これまでは，強化学習を定性的に説明してきた．ここからはもう少し掘り下げて，理論や重要な考え方について触れることにしよう．強化学習は長年研究されており，本書だけではカバーできないほど様々な技術や方法，理論がある．そのため，基本的にはQ学習およびそれに関連する内容と，実装時に悩むポイントをベースに掲載内容を選んでいる．まず本章の導入として

- 1.1 節で解説した強化学習の，記号と数式を用いた表現
- 本書で扱うQ学習
- 方策や状態価値関数という語の定義

に触れ，その後関連する項目を解説していく．

2.1　TD 学習

　まず，強化学習を数式と記号を用いて表現しよう．エージェントは次式のように，行動の集合 A から，集合の要素である1つの行動 $(a_i \in A)$ を選択することができる．したがって，行動の集合 A は次式のように書ける．

$$A = \{a_1, a_2, \ldots, a_n\} \tag{2.1}$$

これまでも説明に登場してきたように，a_1 はロボットの前進，a_2 は右旋回というように，具体的な行動として読み替えるとわかりやすいだろう．この A が定義されると，エージェントは A に含まれる行動のみ実行できる．

　次に，エージェントが観測可能な環境の状態 s の集合 S を，次式のように定義する．

$$S = \{s_1, s_2, \ldots, s_m\} \tag{2.2}$$

エージェントは何かしらの行動 a_i をとるたび，環境状態の集合 S に含まれる s_j のいずれかにたどりつく．いささか乱暴な表現をすると，$S \times A$ が状態行動空間の広さとなる．この値が大きくなればなるほど，エージェントが探査・訪問しなければならない状態や実行しなければならない行動が多くなり，学習に時間がかかる．また，それと同時に計算機のメモリを多く搭載しなければならない．

エージェントが環境観測と行動を繰り返し何か目的を達成した場合，もしくはよい行動をとった場合，エージェントは報酬 r を受け取る．r は任意の値で，正の値や負の値をとることもある．この報酬をもとにどのような行動をとっていけばよいかを学習していくことになる．報酬を様々な時刻で受け取った系列として表すと $r_t, r_{t+1}, r_{t+2}, \ldots$ となり，現在の時刻 t 以降に受け取る報酬を**収益** (return) R_t として表現すると，

$$R_t = r_{t+1} + r_{t+2} + \cdots \tag{2.3}$$

となる．この未来に受け取る報酬の和を最大化することが強化学習の目的である．報酬の和を最大化するためにどのような行動をすべきかという戦略を，強化学習では**方策** (policy)，または**行動価値関数** (action-value function) とよぶ．

次に，エージェントの学習を表現する式を説明する．学習アルゴリズムには様々な種類があるが，ここでは，強化学習アルゴリズムの基礎となる **TD 学習**について説明する．

TD 学習では，ある時刻 t における現在の状態 s から，方策 π に従って行動を決定した際に得られる収益の期待値を状態価値とよび，これを**状態価値関数** (state-value function) $V^{\pi}(s)$ を用いて次式で表す[19]．

$$V^{\pi}(s_t) = r_t + \gamma r_{t+1} + \gamma^2 r_{t+2} + \cdots \tag{2.4}$$

r_t は時刻 t で得られる報酬の値であり，定数 γ $(0 \leq \gamma \leq 1)$ で割り引かれた報酬（期待報酬）の和をとっている．さらに次状態 s_{t+1} においては

$$V^{\pi}(s_{t+1}) = r_{t+1} + \gamma r_{t+2} + \gamma^2 r_{t+3} + \cdots \tag{2.5}$$

とすることができるため，式 (2.4) と合わせると

$$V^{\pi}(s_t) = r_t + \gamma V^{\pi}(s_{t+1}) \tag{2.6}$$

のようにまとめることができる．式 (2.6) の右辺から左辺を引いた形を，δ_t を使って次式のように定義する．

$$\delta_t = r_t + \gamma V^\pi(s_{t+1}) - V^\pi(s_t) \tag{2.7}$$

δ_t を，状態価値関数に関する **TD 誤差** (Temporal Difference error) とよぶ．式 (2.7) は，期待される価値である $V^\pi(s_t)$ と，実際に経験（獲得）した利得 $r_t + \gamma V^\pi(s_{t+1})$ の差を表しており，期待と現実の差を表しているとイメージするとわかりやすい．TD 学習は，この TD 誤差が小さくなるように学習を行うアルゴリズムであり，状態価値関数を次式で更新する．

$$V^\pi(s_t) \leftarrow V^\pi(s_t) + \alpha\{r_t + \gamma V^\pi(s_{t+1}) - V^\pi(s_t)\} \tag{2.8}$$

α や γ は，それぞれ学習率や割引率とよばれ，r_t とともに学習の性能を決定するパラメータである（詳しくは後述）．式 (2.8) は式 (2.7) を用いて

$$V^\pi(s_t) \leftarrow V^\pi(s_t) + \alpha\delta_t \tag{2.9}$$

とも表すことができる．TD 学習をプログラムとして組み込めば，強化学習が可能である．上述した TD 学習は最もシンプルな形で，TD(0) とよばれる．関数近似を用いないテーブル型（配列や表を用いた記録形式）TD(0) は，最適解に概収束することが証明されている[3, 4]．

　次に，TD 学習をもとにしたアルゴリズムである **Q 学習**について述べる．次式が Q 学習における行動価値の更新式である．

$$Q(s_t, a) \leftarrow Q(s_t, a) + \alpha\{r + \gamma \max_{a' \in \boldsymbol{A}} Q(s_{t+1}, a') - Q(s_t, a)\} \tag{2.10}$$

　式 (2.10) の Q 学習の価値更新式において，エージェントが環境から得られる報酬を r と定義する．環境状態 s を s_t や s_{t+1} と表現しているのは，それぞれ現状態と行動 a を行ったあとの次状態を時系列的に区別するためである．なお a' も同様で，こちらは a とは異なることもあるという意味で単純にダッシュを付している．報酬 r はエージェントが s_{t+1} に到達したときに得られた報酬であることに注意が必要である．$Q(s_t, a)$ は行動価値関数で，時刻 t における状態 s から行動 a を選択したときの報酬の期待値を表す．とても雑な説明をすれば，TD 学習の状態価値関数の更新式 (2.8) を行動価値関数に置き換えたものが Q 学習である．α は**学習率**で，$0 \leq \alpha < 1$ の範囲で設定される．α を大きくすると更新される価値も大きくなり，学習の速度が向上するが，その分最適解を獲得できなくなる可能性も出てくる．$\alpha = 0.1$ と設定されることが多い．γ は**割引率**で，これも $0 \leq \gamma < 1$ の範囲で設定される．γ は $\max_{b \in \boldsymbol{A}} Q(s_{t+1}, b)$ にかかっている．これは環境が s_{t+1} のときに一番価値のある行動（すなわち期待報酬）を，γ の値が小さければそれほど信用せず，大きければ信用するということを表して

いる．割引率は $\gamma = 0.99$ のように 1 に近い値で設定されることが多い.

Q学習では，TD学習と同じように，式 (2.10) の $r + \gamma \max_{a' \in \boldsymbol{A}} Q(s_{t+1}, a') - Q(s_t, a)$ の差が小さくなるように学習を行う．ここでは，状態 s_{t+1} のときに最も高い行動価値 $(\max_{b \in \boldsymbol{A}} Q(s_{t+1}, b))$ を割り引いてから，現状態である s のときに行った行動 a の価値を引いた値を報酬値と足して，$Q(s_t, a)$ に加算している．これを繰り返すことで，報酬を多く受け取れるような行動の価値が高くなるように，行動価値関数の更新がなされる．その後，s_{t+1} を現在の状態 s_t として考え，引き続き行動選択を行い，またその行動結果を用いて価値更新を行うことで Q 学習が進んでいく．なお，書籍や論文によっては Q 学習における行動価値の更新式が次式のように書かれていることがあるが，式変形をすれば式 (2.10) が得られる．興味がある読者は練習として式変形を行ってほしい.

$$Q(s_t, a) \leftarrow (1-\alpha)Q(s_t, a) + \alpha\left\{r + \gamma \max_{b \in \boldsymbol{A}} Q(s_{t+1}, b)\right\} \tag{2.11}$$

式 (2.11) からは，α の分だけ報酬や割引率のかかった次状態の行動価値を用い，残りの $(1-\alpha)$ の分だけ現在の方策の行動価値を用いる，ということが読み取れる.

2.2　マルコフ決定過程

強化学習を説明するうえで欠かせない概念が**マルコフ決定過程** (Markov Decision Process: MDP) である．MDP は掘り下げていくと本が 1 冊書けるくらいのボリュームになるため，本書では概要に触れる程度に留めておく．本書で扱う Q 学習のように収束性が理論的に証明されている強化学習のアルゴリズムは，問題が MDP として記述できれば，適切なパラメータ設定と十分な学習時間で，確率 1 で最適解が得られることが証明されている．詳しくは文献 [7] を参照されたい.

MDP は目的関数を最小化もしくは最大化することを目的として，意思決定者が各時刻ごとに状態を観測し行動を決定する問題設定である[19]．まず，MDP の基礎としてマルコフ性について説明しよう．**マルコフ性** (Markov property) とは，未来の状態（次の状態）が現在の状態のみに依存し，任意の過去の状態からは独立している状態である．確率過程がマルコフ性を有するとき**マルコフ過程** (Markov process) といい，未来の状態が現在という 1 つの状態にのみに依存するマルコフ過程を単純マルコフ過程とよぶ．確率過程は時刻 t とともに確率変数 X が変化することを意味しており，連続時間でも離散時間でもよい．ここでは離散時間を考え，

$$P(X_{n+1}|X_0, X_1, \ldots, X_n) = P(X_{n+1}|X_n) \tag{2.12}$$

となるような条件付き確率（または分布）をマルコフ過程とよぶ．式 (2.12) は，時刻 $n+1$ における条件付き確率が直前の状態 X_n によってのみ決定され，それ以前の状態とは関係ない確率過程である[20]．時間が離散的で，確率変数のとりうる状態も有限なマルコフ過程を**マルコフ連鎖 (Markov chain)** とよぶ．式 (2.12) を厳密に表現すると，確率過程 $X_1, X_2, \ldots, X_n$ $(\{X_n | n \in N\})$ において，すべての $n \in N = \{0, 1, 2, \ldots\}$，$s_0, s_1, \ldots, s_n, s_{n+1} \in S$ に対して

$$P(X_{n+1}=s_{n+1}|X_0=s_0, X_1=s_1, \ldots, X_n=s_n) = P(X_{n+1}=s_{n+1}|X_n=s_n) \quad (2.13)$$

が成立する．ここで，S は状態空間である[19]．式 (2.12) と同様に，$X_0 = x_0$, $X_1 = x_1$, $\ldots$, $X_{n-1} = x_{n-1}$ は，次状態 $X_{n+1} = x_{n+1}$ の決定には関与しない．

強化学習のためのマルコフ性の形式的定義を，式 (2.13) をもとに考えてみる．環境の次状態 s' や報酬 r，過去の事象のすべての値 $s_t, a_t, r_t, \ldots, r_1, s_0, a_0$ に対して，次式を定義する[3, 4]．

$$P(s_{t+1} = s', r_{t+1} = r|s_t, a_t, r_t, s_{t-1}, a_{t-1}, \ldots, r_1, s_0, a_0) \quad (2.14)$$

上式がマルコフ性を有するのであれば

$$P(s_{t+1} = s', r_{t+1} = r|s_t, a_t) \quad (2.15)$$

と書くことができる．さらに，式 (2.15) のように MDP を定義すると，任意の状態 s と行動 a が与えられ，次の状態 s' に遷移する確率 $\mathcal{P}_{ss'}^a$ は

$$\mathcal{P}_{ss'}^a = P(s_{s+t} = s'|s_t = s, a_t = a) \quad (2.16)$$

となり，さらに報酬の期待値 $\mathcal{R}_{ss'}^a$ は

$$\mathcal{R}_{ss'}^a = \mathbb{E}(r_{t+1}|s_t = s, a_t = a, s_{s+t} = s') \quad (2.17)$$

のように表すことができる．MDP は状態空間や行動空間，報酬関数や状態の遷移確率が既知であることが多い．しかし，強化学習問題では，状態遷移の確率をはじめ，報酬関数などもエージェントにとっては未知であり，それらの状態への訪問を繰り返すことで意思決定に関する評価を行い，価値関数の更新をしていく．

MDP の直感的にわかりやすいイメージとして，将棋などのボードゲームがある．あるコマ配置における次の一手は，現在のコマ配置にのみ依存する．もちろん，棋士の心理状態やスキル，特性などは考慮していない話である．強化学習における現在の状態を s_t とすると，図 2-1 のように，状態 s_{t+1} への遷移は s_t にのみ依存し，s_t への遷移は s_{t-1} のみに依存する．s_{t+1} と s_{t-1} は状態遷移における関係がない．

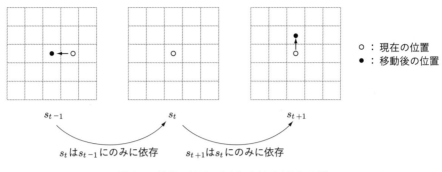

図2-1 グリッドワールドにおけるMDPの例

先に述べた離散的な状態をとるマルコフ過程（離散状態マルコフ過程），すなわちマルコフ連鎖において，少々乱暴な表現ではあるが，マルコフ連鎖に行動 a と報酬 r を追加したものがMDPである．MDPは4つの要素の組であるタプル $\langle S, A, T, R \rangle$ で構成され，S, A, T, R はそれぞれ状態，行動，状態遷移，報酬の集合を表す．第3章の強化学習のシミュレーションでは，グリッドワールドにゴール座標を設定し，報酬を獲得できる設定を追加する．これはMDPとなる．

MDPでは，状態 s が完全に観測可能である必要がある．これは，たとえばマルチエージェントシミュレーションにおいては，協調エージェントの位置や自己位置のすべてが常に完全に把握可能という意味である．しかし，現実問題や実際の実装では，完全なる状態の把握は現実的でない．そこで，状態は部分的にしか観測できないが，それで十分という前提に立った部分観測マルコフ決定過程 (Partiallly Observable Markov Decision Process: POMDP) が問題設定として利用されることもある．MDPや確率過程，関連する確率論をさらに深掘りしたい場合は，文献 [19, 20, 21] を参照するとよい．

2.3 強化学習における方策とQ関数

強化学習における方策 π は戦略や政策ともよばれ，「状態から可能な行動を選択する確率の写像」と定義されるが，具体的なメカニズムに関しては規定されていない[4]．そのため，方策という単語は少々曖昧な表現となっている．転移学習でも方策という言葉を取り扱っていくので，ここで一度，方策を議論していこう．

基本的には，方策 π は，状態 s を入力すれば a が出力される関数と考えてよい．シンプルに表現すれば $\pi: S \to A$ と書ける．厳密には，最初に述べたとおり確率であるため，

$$\pi(s,a) = p(a|s) \qquad (2.18)$$

と定義したほうがわかりやすいだろう.本章では確率は小文字の p で表すこととする.式 (2.18) は確率的方策とよばれ,あくまでもある環境 s に対する a をとる確率が出力される.式 (2.18) は $a \sim \pi(\cdot|s)$ のように表現されるときもある.これに対し,決定論的方策は

$$a = \pi(s) \qquad (2.19)$$

と表すことができ,方策 π から出力されるのは 1 つの行動のみとなる.次章で行う強化学習のシミュレーションでは,式 (2.18) の確率的方策を用いる.

では,方策の実体は何か,どのように構成されるべきものなのかを考える.抽象的ではあるが「方策をモデル化する」という表現がわかりやすいかもしれない[5].方策のモデル化のアプローチは 2 種類あり,1 つは数理モデルを用いて直接的に方策を規定する方法である.もう 1 つは効用関数 (utility function) を用いて方策を間接的に規定する方法である.効用関数とは,状態 s と行動 a から得られる効用を出力する機能(関数)であり,Q 学習においては**Q 関数**のことである.実装においては Q テーブル(次節参照)で構成するのがもっとも簡単で一般的であると考えられる.1 つ目のアプローチである直接的な方策は,方策勾配法 (policy gradient) や人工ニューラルネットワークを用いると規定することが可能である[5, 6].一方,Q 関数は行動価値関数と方策のペアからなる.

では,本書で採用している Q 関数は,強化学習においてどのように使用されるのか説明しよう.基本となるのは式 (2.4) の状態価値関数であり,これを次式のように書き直す.

$$V^\pi(s) = \mathbb{E}_\pi\{R_t|s_t = s\} = \mathbb{E}_\pi\left\{\sum_{k=0}^{\infty} \gamma^k r_{t+k+1} \middle| s_t = s\right\} \qquad (2.20)$$

ここで,$\mathbb{E}(\cdot)$ は期待値である.ある状態 s のときに期待される収益(報酬)の合計 R_t を計算するのに,割引率 γ $(0 < \gamma < 1)$ を用いている.

$$R_t = r_{t+1} + \gamma r_{t+2} + \gamma^2 r_{t+3} \cdots = \sum_{k=0}^{\infty} \gamma^k r_{t+k+1} \qquad (2.21)$$

将来的に獲得する報酬(たとえば r_3 や r_{100} など)には γ^k がかかっている.$\gamma < 1$ のため,未来に獲得が期待される報酬であればあるほど値が小さくなる.

式 (2.20) から r_{t+1} を取り出して漸化式の形で表すと,期待値の性質から,

$$V^{\pi}(s) = \mathbb{E}_{\pi}\left\{r_{t+1} + \gamma \sum_{k=0}^{\infty} \gamma^k r_{t+k+2} \middle| s_t = s\right\}$$

$$= \mathbb{E}_{\pi}\{r_{t+1}|s_t = s\} + \gamma\mathbb{E}_{\pi}\left\{\sum_{k=0}^{\infty} \gamma^k r_{t+k+2} \middle| s_t = s\right\} \qquad (2.22)$$

となるような式に書き直すことができる．右辺の第 1 項と第 2 項を同時に解くと煩雑になるため，第 1 項から解いていこう．

状態 s のときの報酬 r_{t+1} が得られる期待値は，条件付き確率 $p(r_{t+1}|s_t = s)$ の期待値（条件付き期待値）であるため，

$$\mathbb{E}_{\pi}\{r_{t+1}|s_t = s\} = \sum_{r \in R} rp(r|s) \qquad (2.23)$$

とすることができる．式 (2.23) の右辺では $r_{t+1} = r,\ s_t = s$ として簡略化して記述している．ここから条件付き確率 $p(r|s)$ について解いていく．条件付き確率の乗法定理から

$$p(r|s)p(s) = p(r, s) \qquad (2.24)$$

となる．ここから周辺化などを駆使して計算していくと，

$$p(r|s)p(s) = \sum_{s'}\sum_{a} p(r, s', a|s)p(s) \qquad (2.25)$$

$$p(r|s) = \sum_{s'}\sum_{a} p(r, s'|a, s)p(a|s) \qquad (2.26)$$

のように表すことができる．ここで，$p(a|s)$ は状態 s を条件とした行動 a の生起確率なので，まさしく式 (2.18) の方策 $\pi(s, a)$ を意味する．

ここで，式 (2.26) を式 (2.23) に代入して，

$$\mathbb{E}_{\pi}\{r_{t+1}|s_t = s\} = \sum_{r}\sum_{s'}\sum_{a} rp(r, s'|a, s)\pi(s, a)$$

$$= \sum_{r}\sum_{s'}\sum_{a} rp(r|s, a, s')p(s'|a, s)\pi(s, a) \qquad (2.27)$$

のようにしておく．

次に，式 (2.22) の第 2 項を解いていこう．基本的には第 1 項と同様に確率計算していく．$(t + 2)$ からの期待報酬の計算をまとめ，次式のように g と表す．

$$g = \sum_{k=0}^{\infty} \gamma^k r_{t+k+2} \tag{2.28}$$

すると，次式のように簡単に表すことができる．

$$\mathbb{E}_\pi \{g | s_t = s\} = \sum_g g p(g|s) \tag{2.29}$$

ここまで式が作れれば，あとは第1項と同様に $p(g|s)$ を解いていく．

$$p(g|s) = \sum_{s'} \sum_a p(g, s', a | s) = \sum_{s'} \sum_a p(g | s', a, s) p(s' | a, s) p(a | s) \tag{2.30}$$

ここでもやはり $p(a|s)$ が方策 $\pi(s, a)$ を意味するので置き換える．さらに，$p(g, s'|a, s)$ はマルコフ性を持つので，未来の報酬を計算するのに現在の s と a は不要な変数である．これを省略し，式 (2.21) をまとめなおすと

$$p(g|s) = \sum_{s'} \sum_a p(g | s') p(s' | a, s) \pi(s, a) \tag{2.31}$$

となる．ここからさらに，式 (2.29) の期待値の形に戻していくと

$$\mathbb{E}_\pi \{g | s_t = s\} = \sum_g \sum_{s'} \sum_a g p(g | s') p(s' | a, s) \pi(s, a) \tag{2.32}$$

となる．ここで着目してほしいのは $\sum_g g p(g|s')$ である．実は，式 (2.29) と同じ形をしており，入力される状態が次状態 s' となっている．式 (2.20) や式 (2.28) を用いてまとめなおすと，

$$\sum_g g p(g | s') = \mathbb{E}_\pi \{g | s_{t+1} = s'\}$$
$$= \mathbb{E}_\pi \left\{ \sum_{k=0}^{\infty} \gamma^k r_{t+k+2} \middle| s_{t+1} = s' \right\}$$
$$= V^\pi(s') \tag{2.33}$$

と表すことができる．式 (2.33) を用いると，式 (2.32) は

$$\mathbb{E}_\pi \{g | s_t = s\} = \sum_{s'} \sum_a V^\pi(s') p(s' | a, s) \pi(s, a) \tag{2.34}$$

のように表すことができる．

次に，式 (2.22) に，これまで求めた各期待値の式 (2.27) と式 (2.34) を代入する．

$$V^\pi(s) = \mathbb{E}_\pi\{r_{t+1}|s_t = s\} + \gamma\mathbb{E}_\pi\{g|s_t = s\}$$

$$= \sum_r \sum_{s'} \sum_a rp(r|s,a,s')p(s'|a,s)\pi(s,a) + \gamma \sum_{s'} \sum_a V^\pi(s')p(s'|a,s)\pi(s,a)$$

$$= \sum_a \pi(s,a) \sum_{s'} p(s'|a,s)\left\{\sum_r rp(r|s,a,s') + \gamma V^\pi(s')\right\} \tag{2.35}$$

ここで，前項の式 (2.16), (2.17) を思い出してほしい．それらの式をシンプルに書き直し，期待値も具体的な計算に置き換えた式を以下に再掲する．

$$\mathcal{P}^a_{ss'} = p(s'|s,a) \tag{2.36}$$

$$\mathcal{R}^a_{ss'} = \mathbb{E}\{r_{t+1}|s,a,s'\} = \sum_r rp(r|s,a,s') \tag{2.37}$$

式 (2.35) を式 (2.36), (2.37) の $\mathcal{P}^a_{ss'}$ と $\mathcal{R}^a_{ss'}$ で置き換えていくと

$$V^\pi(s) = \sum_a \pi(s,a) \sum_{s'} \mathcal{P}^a_{ss'}\{\mathcal{R}^a_{ss'} + \gamma V^\pi(s')\} \tag{2.38}$$

となる．これは強化学習における行動価値関数 V^π に対する**ベルマン方程式 (Bellman equation)** である．ベルマン方程式とは，最適制御問題などで用いられる式で，制御問題のほとんどは，ベルマン方程式を解くことで最適化が可能である[65]．強化学習においては，どのような状態価値関数が最適なのかを表す．

次に，行動価値関数 $Q^\pi(s,a)$ を導入する．方策 π を直接記述できる強化学習手法では行動価値関数は必要ないが，Q 学習のように Q 関数を導入した強化学習では行動価値関数を考慮した状態価値関数の計算が必要である．行動価値関数 $Q^\pi(s,a)$ は，$\mathcal{P}^a_{ss'}$, $\mathcal{R}^a_{ss'}$ を用いて

$$Q^\pi(s,a) = \sum_{s'} \mathcal{P}^a_{ss'}\{\mathcal{R}^a_{ss'} + \gamma V^\pi(s')\} \tag{2.39}$$

で定義する．状態価値関数 $V^\pi(s)$ は，行動価値関数を考慮すると，次式のように記述される．

$$V^\pi(s) = \sum_a \pi(s,a)Q^\pi(s,a) \tag{2.40}$$

式 (2.40) を見ると，行動価値関数 $Q^\pi(s,a)$ に方策 $\pi(s,a)$ をかけることで状態価値を計算しており，右辺が Q 関数となる．これが本節の冒頭で「Q 関数は行動価値関数と方策のペアからなる」と表現した理由である．また，結局のところ式 (2.40) は期待値計算の形となっており，式 (2.9) の状態価値関数 $V^\pi(s) = \mathbb{E}_\pi\{R_t|s_t = s\}$ と一致

する.

さらに，式 (2.39) と式 (2.40) が求められたことにより，行動価値関数 $Q^\pi(s,a)$ に対するベルマン方程式を，次式のように表すことができる.

$$Q^\pi(s,a) = \sum_{s'} \mathcal{P}_{ss'}^a \left\{ \mathcal{R}_{ss'}^a + \gamma \sum_a \pi(s',a') Q^\pi(s',a') \right\} \tag{2.41}$$

長々と式を導出してきたが，もちろんこの式だけでは強化学習は実装できない．強化学習とは，結局のところもらえる報酬を最大化するために状態価値関数を計算することで，たくさんの報酬がもらえると期待される行動をとり続け，よかった行動を方策に反映する手続きである．そのためには，学習というプロセスを実行する必要があるが，それが方策や行動価値関数を更新する作業となる．

2.4 Qテーブルと関数近似

ここでは，Q関数の実装方法の1つである**Qテーブル**（図 2-2）について説明する．たとえば，広さが 7×7 のグリッドワールドを考えたとき，状態 s_j というのはすなわち座標 (x,y) となる．また，シミュレーションと同様に，エージェントが行動としてグリッドワールドを前後左右に動けるとすると，計4種類，すなわち $a_1 = $ 前, $a_2 = $ 後, $a_3 = $ 左, $a_4 = $ 右というように記号と対応する．行動価値には，ある環境のある行動に価値という数値が割り当てられている状態である．これは，ある環境 (x,y) のときの $a_1 \sim a_4$ に対応するそれぞれの行動価値が

$$\{(1,1),a_1\} = 0.12$$
$$\{(1,1),a_2\} = 0.00$$
$$\{(1,1),a_3\} = 0.00$$
$$\{(1,1),a_4\} = 0.20$$
$$\{(1,2),a_1\} = 0.19$$
$$\vdots$$

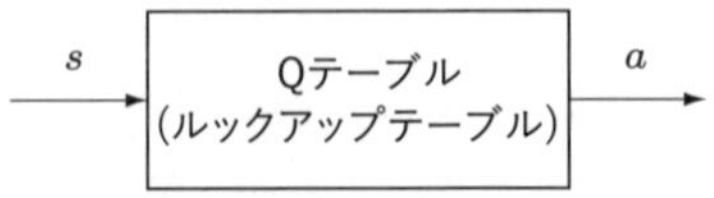

図 2-2　Qテーブル

$$\{(7,7), a_4\} = 0.00$$

のように，全パターンを網羅し列挙される．このように，ある入力に対して出力値を割り当て，参照できる形式のテーブルをルックアップテーブルとよぶ．全パターンの入力に対する出力値が記されているものが $Q(s,a)$ であり，その具体的な実装方法がQテーブルとなる．なお，ここでの $Q(s,a)$ は，方策とは切りはなして考える意味を込めて，方策 π にのっとった行動価値関数 $Q^\pi(s,a)$ ではなく，$Q(s,a)$ と表している．この情報が，計算機のメモリ上で多次元配列として保存されていると考えればよいだろう．実際のファイルに保存する場合，CSVファイルやPythonのnpy，npz形式として保存することが可能である．

たとえば，$s=(x,y)$ として自己位置の観測可能な状態をそれぞれ $s_1, s_2, \ldots, s_i,$ $s_j, \ldots, s_n$ と表し，これらの集合を $\boldsymbol{S}$ と表現する．もう少しスマートな表現をすると，仮にエージェントが観測可能な環境状態のすべてが $\boldsymbol{S}$ に含まれるとすると，$s_i \in \boldsymbol{S}$ と書ける．エージェントの行動においても同様で，エージェントの実行可能な行動を $a_1,$ a_2, a_3, a_4 とすると，a_i $(i=1, 2, 3, 4)$ は集合 $\boldsymbol{A}$ に含まれると表現し，$a_i \in \boldsymbol{A}$ となる．

強化学習の方策の実装において，プログラム的にも多次元配列やリストで実現できるQテーブルが最もシンプルで，一番使いやすいと感じるかもしれない．実装の面やイメージの容易さでいえば確かにそうであるが，エージェントの移動自由度が増えたり，状態空間の次元数が増えたりすると，途端にデータ量が増大し，一般的な計算機のメモリでは容量が足りなくなる．前述したように，次元が増えると，記憶しておかなければならない状態量が指数関数的に増大する状態空間爆発が起こる．メモリが足らないなら増やせばいいと思うかもしれないが，テラバイトオーダでメモリを増設するのはまだお金もかかるし，マザーボードも対応したものに交換しなければならない．高度な技術を有している人なら，メモリの代わりとしてHDDやSSDを利用できるかもしれないが，アクセススピードの問題なども考えるとまだまだ現実的ではないだろう．

そこで，方策を近似して取り扱う方法も存在する．決定的方策であれば，ある環境における行動を出力するように人工ニューラルネットワーク（以下ニューラルネットワーク）を用いる方法である．確率的方策であれば，ある環境における行動の価値や確率をニューラルネットワークで学習させる．それにより，環境状態に対する行動の全通りが記されているQテーブルを近似して取り扱うことができる．DQN (Deep Q-Network) などの構成法も**関数近似**がベースとなっており，本質的にはQテーブルをニューラルネットワークで置き換えているのと同じである．最もイメージしやすい関数近似法の手順としては，強化学習を実行し，方策を獲得してQテーブルの保存を

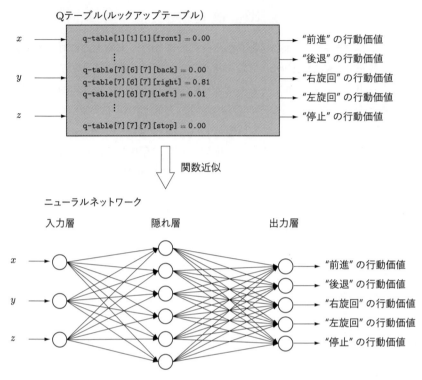

図 2-3　ニューラルネットワークによる Q テーブルの関数近似のイメージ

行い，その Q テーブルに記されている環境状態 s を入力，行動価値を出力とする教師
データとしてニューラルネットワークに学習させる．そうすると，エージェントが観
測した環境状態をニューラルネットワークに入力し，出力される行動とその価値から
行動選択を実行すれば，状態量が増えても，少ない計算量で学習した結果を利用可能
となる．図 2-3 に関数近似のイメージを示す．ここでは，強化学習エージェントは，
状態 s として自己位置 x, y, z を認識可能で，それに対する行動 a は前後左右 + 停止
の移動であるとする．Q テーブルはもちろんテーブル形式で全パターンが記述されて
いるため，入力となる $s = (x, y, z)^{\top}$ に対する行動前，後，..., 停止の行動価値を出力
する．これをニューラルネットワークで近似した場合，Q テーブルで保存していた全
通りデータは，ニューラルネットワークの各層とそれらの接続関係，重みのみの情報
量に圧縮される．もちろん関数近似であるため，近似誤差が発生する．近似誤差によ
りせっかく学習した方策の質が低下する可能性もあるが，現在ではニューラルネット
ワークを多層にしたディープラーニングなど様々な高精度関数近似法が存在するため，
適切なモデル設計がなされていれば近似精度はそこまで問題にならないだろう．

　問題は，オンラインで関数近似するのか，オフラインで関数近似するのかである．実はニューラルネットワークで方策の関数近似を行う場合，オンラインでの実行は得策でないことが指摘されている[23]．ニューラルネットワーク以外にも関数近似法は存在し，RBF ネットワークやタイルコーディングなどが有名である．オンラインでの関数近似の話も含めて，興味があれば文献 [3] を参照してほしい．

2.5　方策 ON 型と方策 OFF 型の強化学習

　強化学習には**方策 ON 型**と**方策 OFF 型**が存在することにも触れておこう．Q 学習は方策 OFF 型であり，SARSA という強化学習は方策 ON 型である．それぞれ方策ON 型 TD 制御と方策 OFF 型 TD 制御ともよばれる．方策 ON 型は学習中の価値更新時に用いる「次とるべき行動」を行動選択関数（次節参照）を使用して選択し，方策 OFF 型はとにかく行動価値の最大値となる行動を選択するという違いがある．方策を使用するかしないか（ON か OFF か）の違いともいえる．これの効果により，学習曲線の収束を得られる早さや最適解の獲得性能に影響があるといわれている．シンプルな問題設定であれば，方策 ON 型と方策 OFF 型での性能にそう違いはない．

　具体的に見てみよう．方策 OFF 型の強化学習である Q 学習は，方策の更新式が次式のように定義されている．

$$Q(s_t, a_t) = Q(s_t, a_t) + \alpha \left\{ r + \gamma \max_{a_i \in \boldsymbol{A}} Q(s_{t+1}, a') - Q(s_t, a_t) \right\} \tag{2.42}$$

上式は式 (2.10) の再掲であるが，時系列を意識できるよう添え字 t が追加されている．注目してほしいところは，環境状態 s_{t+1} における行動価値を表す $Q(s_{t+1}, a')$ を max 関数により求め，価値を更新していることである．すなわち，単純に最大値を求めている．一方，SARSA の方策の更新式は，次式で定義される．

$$Q(s_t, a_t) = Q(s_t, a_t) + \alpha \{ r + \gamma Q(s_{t+1}, a_{t+1}) - Q(s_t, a_t) \} \tag{2.43}$$

ここでは $Q(s_{t+1}, a_{t+1})$ という表記に着目してほしい．s_{t+1} のとき行動選択関数を用いて選択した行動 a_{t+1} の行動価値が $Q(s_{t+1}, a_{t+1})$ だと思えばよい．すなわち，Q 学習では最大の行動価値を持つ行動を max 関数で選択して Q 値の更新を行うのに対し，SARSA は s_{t+1} のときに実際に行動選択関数を用いて選択した行動の価値を用いて Q値の更新を行う．

　一般的に，SARSA のほうが収束性能がよいとされているが，仮に行動選択関数にϵ-グリーディ方策（次節参照）を用いた場合，学習進度に合わせて ϵ を小さくしてい

けば，SARSA も Q 学習も漸近的に同じ最適方策に収束する[3, 4].

2.6　行動選択関数

　Q テーブルに記されているのは，すべての状態 s に対する実行可能な行動 a とその価値である．これらをもとにして行動の選択を行う，行動選択関数として用いられるアルゴリズムには，いくつかの種類がある．

　行動価値を利用して行動選択を行うことを考えると，最もシンプルな考え方（効果的かどうかは別）は**グリーディ (greedy) 選択**だろう．グリーディ選択は，エージェントが選択可能な行動の中で，行動価値が一番高い行動を選択する．これは，次式のように定義できる．

$$a = \arg \max_{a_i \in \boldsymbol{A}} Q(s, a_i) \tag{2.44}$$

　ただし，グリーディ選択の欠点は，一度目的を達成して解を獲得すると，それが回りくどい解であっても，その行動を強化するように作用してしまう点である．そのため，すでに目的達成の経験があっても，あえて任意の確率 ϵ で探査を選択するように改良されているのが次式の **ϵ-グリーディ選択**である．

$$a = \begin{cases} \arg \max_{a_i \in \boldsymbol{A}} Q(s, a_i) & (p = 1 - \epsilon) \\ \mathrm{rand}(\boldsymbol{A}) & (p = \epsilon) \end{cases} \tag{2.45}$$

ここで，$\mathrm{rand}(\boldsymbol{A})$ は $\boldsymbol{A}$ から行動 a をランダムに選択することを表す．ϵ は 0〜1 の間の実数で設定し，確率 ϵ で行動をランダムに選択し，確率 $(1 - \epsilon)$ で貪欲に最大値を選択する．ϵ-グリーディ法は実装もシンプルで，直感的に理解しやすい手法である．しかし，ϵ-グリーディ法にも決定的な弱点がある．それは，仮にエージェントが十分に強化学習を繰り返し，最適解の獲得に近づいたとしても，延々と確率 ϵ でランダム行動をとり続けるという点である．これにより，計算機シミュレーションのような理想的な環境で行う強化学習でも，学習曲線が最適解に収束しない．

　第 3 章の強化学習シミュレーションにおいては，以下で説明する**ボルツマン (Boltzmann) 選択**[*1, 2]を用いている．ボルツマン選択は，学習初期はランダムに行動するが，学習を繰り返し方策を改善，すなわち Q テーブル内の行動価値が更新され

---

*1　熱力学や統計力学で登場するボルツマン分布がモデルになっている．ボルツマン分布は，ギブズ (Gibbs) 分布ともよばれる．

*2　グリーディ選択やボルツマン選択は，グリーディ方策やボルツマン方策ともよばれる．ここでは行動選択のためのアルゴリズムであると割り切ってほしいので，選択という言葉を使っている．

始めると，徐々に価値の高い行動を優先的に選択するようになる選択アルゴリズムであり，次式のように定義されている．

$$P(a_i|s) = \frac{\exp\{Q(s,a_i)/T\}}{\sum_{a_j \in A} \exp\{Q(s,a_j)/T\}} \tag{2.46}$$

T は**温度定数**とよばれ，ボルツマン選択におけるランダム性の度合いを決定するパラメータである．T を十分に大きく設定する $(T \to \infty)$ とただただランダムに行動を選択するようになり，0 に近づける $(T \to 0)$ と常に最大の行動価値を持つ行動を選択しやすくなる．T が 0 に近いときのボルツマン選択は，グリーディ選択と同じ振る舞いをする．ボルツマン選択は，ソフトマックス法ともよばれる．

さらに，ボルツマン選択にアレンジが加えられて使用されている場合もしばしばある．学習の初期段階ではランダム行動による探査を多めにエージェントに実行させ，ある程度学習が進んだらランダム行動を少なめにしたいという考え方を採用し，学習初期は温度定数 T を大きい値として，学習進度に応じて T の値を小さくする手法もある．T の調整法の一例として，次式を用いる方法がある[31]．

$$T = \frac{1}{\log_e(t + 0.1)} \tag{2.47}$$

ここで，t は時間であるが，離散状態のシミュレーションではステップ数やエピソード数に相当する．式 (2.47) では，対数関数を用いて，学習初期は大きい値，学習が進むと小さい値になるよう制御が可能である．この関数の設計を変えることで，所望の振る舞いを実現することができるが，t に応じた値の変化はタスクやその難易度などによって変わってくるため一般化できず，関数設計が難しいところである．

強化学習のシミュレーション

　第 1 章では，強化学習や転移学習を定性的に説明し，できるだけ読者がイメージと
して捉えられるように説明するように心掛けた．また，第 2 章では，強化学習を数学
的な表現を用いて定義した．本章では，実際にプログラムを動作させながら，具体的
な強化学習のメカニズムについて触れていく．

　本章のシミュレーションは，もちろん転移学習を意識してセットアップしている．
これから行うシミュレーションは迷路の最短経路を解く問題であり，強化学習シミュ
レーションでよく用いられている．

3.1　強化学習プログラムの実行

3.1.1　開発環境

　本書のシミュレーションは，以下の開発環境を前提としている（括弧内は動作確認
を行ったバージョン）．

- プログラミング言語：Python (3.7.9)
- 開発環境：PyCharm (2021.1.2)
- ライブラリ：`matplotlib` (3.4.2), `numpy` (1.21.0), `pygame` (1.9.6)

推奨する計算機のスペック，Python, PyCharm などのセットアップ手順は付録 A に
まとめたので，適宜参照してほしい．

　また，本章で扱うシミュレーションのプログラムは，以下からダウンロードできる．

`https://www.morikita.co.jp/books/mid/085661`

PyCharm で新しいプロジェクトを作成して，プロジェクトフォルダに `source` とい
う名前のフォルダを作っておき，`main.py` に上記の URL からダウンロードしたファ
イルのうち，RL フォルダのソースコードをペーストすれば，シミュレーションの準備
は完了である．

3.1.2 グリッドワールドとエージェント

さっそくプログラムを実行してみよう．PyCharm の [Run] タブから [run 'main'] を選択してプログラムを実行すると，図 3-1 のようなウィンドウが表示される．

ここでは，**最短経路問題**とよばれる，エージェントがスタート地点からゴール地点までの最短経路を学習する問題のシミュレーションを行う．エージェントは，図 3-2 のように斜め移動ができないため，前後左右（見方によっては上下左右）の移動でゴールまでの経路を探査する．今回の**グリッドワールド**には，図 3-1 における最短経路をたどる最小の行動回数は 1 つしか存在しないという特徴がある．最短経路自体は複数存在するが，**マンハッタン距離**[*1] として行動のステップ数が最小となれば，どのような経路を通ってもよい．

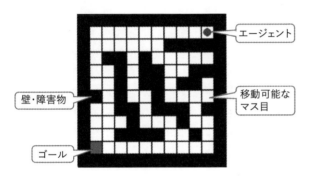
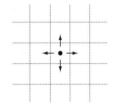

図 3-1　シミュレーション起動時のグリッドワールド 　　図 3-2　エージェントの移動方向
　　　　（→口絵参照）

図 3-1 以外にも小さいブランクのウィンドウが表示されるが，これは学習終了後に学習結果を表示するウィンドウなので，ここでは無視してよい．シミュレーション画面においては，マスの中に描画されている丸がエージェントで，位置を現在いる座標を表している．黒塗りのマスは壁や障害物であり，エージェントはこれらの中に移動することはできない．白塗りのマスはエージェントが移動可能なマスで，いわば通路である．最後に，緑のマスがゴール座標である．シミュレーションを実行すると，強化学習中はエージェントがグリッドワールド内をウロウロと移動し，ゴールを探して探査していくことがわかる．エージェントはゴールへ到達すると報酬が得られ，スタート地点へ自動的に戻される．そして次のエピソードの学習を開始する．もちろん，エ

---

*1　碁盤の目の線の上しか移動できないような距離．ここではいわゆる前後左右の移動のみで斜め移動などはできないため，最短経路をたどる行動回数とマンハッタン距離は一致する．また，同じステップ数でも経路は複数存在することとなる．

ピソード間で学習した知識（行動価値関数）は引き継がれる.

　では，シミュレーションを実行していこう．グリッドワールドが表示されているウィンドウをクリックし，キーボードの "s" キーを押してほしい．すると，エージェントが動き始める．実行する PC の環境によっては探査が速すぎてエージェントがマスを飛び飛びに移動しているように見えるかもしれないが，内部ではきちんと計算されている．今回のチュートリアルでは，スタート地点からゴール地点までの移動を 1 エピソードとし，300 エピソード実行できるように設定してある.

　操作はキーボードで行う．すでに述べたとおり，"s" キーはシミュレーションのスタートキーである．シミュレーション実行中にもう一度 "s" キーを押すと，シミュレーションが一時停止する．また，シミュレーション実行中に "t" キーを押すと，グリッドワールドのエージェント移動の描画の ON/OFF を切り替えることが可能である（"t" キーを押してもグラフの描画は停止しない）.

　しかし，本チュートリアルの初期設定では最速計算モードで実行しているため，"s" キーや "t" キーによる割り込みができないかもしれない．シミュレーションをエージェントの動きを止めながらゆっくり実行したい場合は，プログラム 25 行目の T_STEP を，たとえば 0.001 にしてみよう．設定する数値の単位は秒なので，0.1 などに設定すると目に見える速さでシミュレーションが実行される．実際に "s" キーや "t" キーを押すと PyCharm の実行ツールウインドウ (Run tool window) に表示されるメッセージを図 3-3 に示す．キーを押すと，それぞれの機能が ON になっているか OFF になっているかを，表示で確認することができる.

　シミュレーションが終了するとグラフやその数値データ，学習した知識は自動で保

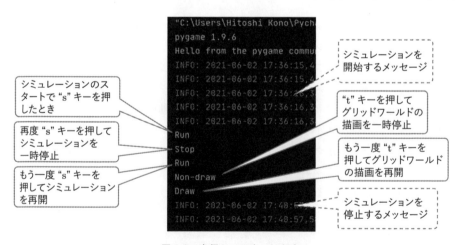

図 3-3　実行ツールウィンドウ

存されるが，移動軌跡の画面はシミュレーションを終了すると消えてしまうので，ウィンドウの×マークや Pycharm の停止ボタンは押さずに残しておこう．

3.1.3 実行結果

エージェントの学習が 300 エピソード分実行されると，エージェントの動きは自動で停止し，図3-4 のようになる．学習した移動経路には赤く色が付いて表示されるようになっている．学習した行動価値が高い座標は濃く，行動価値が低い座標は薄くなり，グラデーションとして表示される．ここで注意が必要なのが，表示されるのは各座標における行動価値の最大値のみで，方向に関しては表示されていないことである．一番濃い赤の座標の連なりが学習したスタートからゴールへの最短経路となる．学習過程でゴールへの道をいろいろ探査しているため，最短経路でない場所にも赤色の部分がある．これは今回の最短経路問題には関係ない情報であるが，転移学習で役に立つ．

試しに他の経路の行動回数を，学習アルゴリズムを使わずに数え上げてみてほしい．すると，図3-5 のように，学習した最短経路から分岐するような経路は，マンハッタン距離において最短経路には勝てないステップ数であることがわかるだろう．

学習が終了すると，図3-6 のようなグラフが表示される（プログラムでは図中の文章は英語で表記される）．3つのグラフの枠が表示されているが，右上の空欄はあらかじめ作成しておいた予備であり，好きなデータを表示できる（本書では以降表示しない）．残りの2つのグラフは，学習にランダム要素があるため，毎回同じグラフが表示されるとはかぎらない．しかし，データの推移が収束する傾向は同様になるはずである．

図 3-4　学習後のグリッドワールド
（→口絵参照）

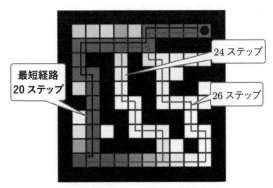

図 3-5　経路のステップ数比較（→口絵参照）

最短経路
20 ステップ

24 ステップ

26 ステップ

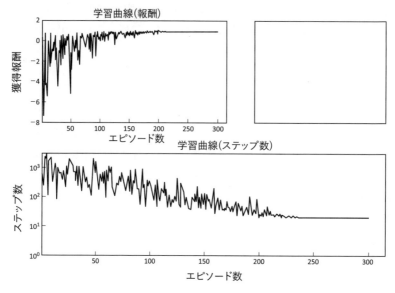

図 3-6　学習における報酬とステップ数の推移

　図左上の学習曲線（報酬）が各エピソードにおける獲得報酬の推移である．初期設定では，スタート地点からゴール地点に移動するまでの間で障害物に衝突すると −0.01 という小さい負の報酬[*2]がエージェントに与えられ，ゴールに到着すると報酬 1 が与えられる．すなわち，図のグラフでは，学習初期は壁に多数衝突して獲得報酬が小さい値となっているが，エピソードが進むにつれて獲得報酬が 1 に収束している．1 に収束するということは，壁に衝突せずゴールに到達していることを意味する．得られる報酬の値としては正しく強化学習がなされているといえる．強化学習は獲得報酬を最大化する学習アルゴリズムなので，正しい結果が得られた．

　次に，図下の学習曲線（ステップ数）は，各エピソードにおけるゴールに到達するまでに要した行動回数の推移である．学習曲線を見ると，学習初期はゴールするまでに約 1000 ステップ必要なのに対し，エピソードを繰り返すごとにステップ数が低下し，今回は 250 エピソード付近で収束が現れ始めている．獲得報酬の学習曲線と合わせて読み解くと，今回のシミュレーションの環境において，エージェントは 250 エピソードの強化学習を行うと，最短経路を獲得可能であることがいえる．しかし，250 エピソード実行しただけでは十分な学習とはいえない場合もあるので注意が必要である．ただし収束後の学習を無意味に繰り返し，たとえば 1 万エピソード実行したとし

[*2]　今回のような静的環境における強化学習シミュレーションであれば負の報酬がなくても学習可能であるが，獲得報酬の推移が見えると学習の経過が見えるので，あえて設定している．

ても最短経路に変更はなく，過学習に陥る可能性がある．

シミュレーションが無事完了したら，スタートと同様にグリッドワールドの画面を一度クリックし，"Esc" キーを押してプログラムを終了する．ここで，学習後に表示されるグラフ画面とグリッドワールドの画面が重なっている場合，グリッドワールドの画面をクリックしてもグラフ画面が最前面に来るが，この状態で "Esc" キーを押すと，エラーが出力されてプログラムが終了してしまう可能性があるので注意してほしい．必ずグラフ画面とグリッドワールドの画面が重なっていない状態でグリッドワールドの画面をクリックしてから，"Esc" キーを押してシミュレーションを終了するようにしよう．

学習曲線のグラフやステップ数のログデータは Projects\rlSim_v1r0\source に保存されており，いつでも見返すことができる．Q テーブルはテキストエディタでは閲覧できない npz[*3]という形式となっており，中身を見たい場合は閲覧用のプログラムを別途作成する必要がある．ファイル名は「グラフのスナップショット」「知識」「ステップ数の推移」の順に以下のような名前となる．

- graphs_YYYYMMDD_hhmmss.png
- qtable_YYYYMMDD_hhmmss.npz
- steps_YYYYMMDD_hhmmss.csv

YYYYMMDD は年月日，hhmmss は時分秒であり，シミュレーションを起動した時間がこれらのファイルに記録されるようになっている．ちなみに，シミュレーション終了後に表示されるグラフと，自動保存されるグラフのスナップショットにおける縦軸と横軸の大きさは，学習中のデータを見て自動決定されている．そのため，グラフの値

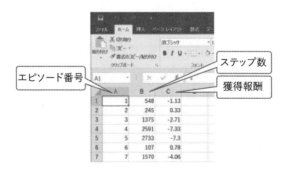

図 3-7　steps_YYYYMMDD_hhmmss.csv

---

*3　Numpy での行列の保存形式．1 つの行列を保存するのであれば npy という拡張子の形式でよいが，複数の Q テーブルを保存する可能性がある場合は，複数の npy が圧縮された形式である npz を採用するとよい．

の推移によってはグラフの軸設定が少し見にくくなるかもしれない.

　ステップ数や獲得報酬のログである CSV ファイルは, Excel などの表計算ソフトで開くと, 図 3-7 のように, A 列がエピソード番号, B 列が A 列の各エピソード番号に対応するステップ数, C 列はエピソード番号に対応する獲得報酬の推移を表すデータが保存されている.

3.1.4　学習結果の評価

　ここからは, 学習結果を解説していこう. 直感的な評価方法として, 学習曲線を用いて結果の良し悪しを判断する方法がある. 学習曲線は, 学習中の獲得報酬やタスクの達成時間の推移を表すグラフであり, グラフの横軸には学習の繰り返し回数であるエピソード数や獲得報酬の値をとり, 縦軸には問題を解決した時間, 行動回数などをとる. 学習曲線が獲得報酬の推移を表す場合は, 報酬を最大化するという強化学習の目的を評価できる. そのため, いささか乱暴な表現をすれば, 学習したかどうかを見きわめるには, 学習曲線を見ればよい.

　学習曲線の例を図 3-8 に示す. この学習曲線は 10 トライアルのシミュレーションを行い, ステップ数, すなわちスタートからゴールまで到達するのに要した行動回数の推移の平均をとったものである. 200 エピソードくらいまでは振動が続き, 早くゴールに到達するときもあれば時間がかかるときもあるような, 振動する波形となっている. これは, 学習中の試行錯誤の過程を表している. その後徐々に振動が収まり, 250 エピソード周辺では, 一意の値に収束していることが読み取れる. これは, 学習が収束したことを表している. まれに, 振動のないなだらかな曲線で書かれた学習曲線が論文や書籍で見受けられるが, 学習曲線の生データをグラフにした場合, なだらかになるケースはごく稀である.

　次に, 各エピソードの獲得報酬値の推移の学習曲線を図 3-9 に示す. こちらも 10 トライアルの平均をとったデータである. ステップ数を表した学習曲線と異なり, 獲得報酬は低い値から高い値に推移する. ゴールに到達したときの報酬を 1, 壁へ衝突したときの報酬を −0.01 としているため, 試行錯誤中は負の報酬を多く獲得する. 十分に学習した後は障害物への衝突がなく負の報酬の獲得がなくなるが, 最終的にはゴール報酬である高々 1 の報酬しか獲得できない. それを念頭に置いて図を見ると, 学習の初期は 1 より低い値になっており, ときには壁へ衝突しすぎて負の獲得報酬が現れている. しかし, エピソードを繰り返していくと獲得報酬の値が上昇していき, ステップ数の学習曲線と同様に, 250 エピソード周辺で 1 に収束していることがわかる. この推移を見ても, 学習が収束する, すなわち十分に学習ができたことが見てとれるだ

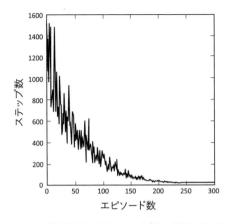

図 3-8 学習曲線の例（ステップ数の推移の場合）

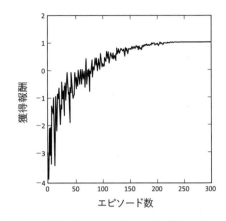

図 3-9 学習曲線の例（獲得報酬の推移の場合）

ろう.

　注意が必要なのは，ステップ数の学習曲線と獲得報酬の学習曲線の収束タイミングは，必ずしも同じにはならないことである．今回のグラフでは，2 つのグラフとも約 250 エピソード周辺で収束しているが，環境設定や問題設定によっては曲線どうしの収束が同期しない場合もある.

　ちなみに，図 3-8 や図 3-9 は 10 トライアルの平均であると述べたが，平均ということは，その平均値に対して大きい値もあれば小さい値もある．このような場合には，分散や標準偏差，最大値，最小値などもグラフに描画すると評価がしやすくなり，収束過程でもその値のばらつきが収まっていく様子が目で見てわかるようになる．Excel などでも値のばらつきを処理してグラフに反映する機能（関数）が用意されているので，興味があれば試してみるとよいだろう．ここでは，参考に 10 トライアルの平均と標準偏差をグラフにしたものを図 3-10 に示す．全エピソードでエラーバーを表示すると線だらけになるので，ここでは 10 エピソードごとにエラーバーを表示している.

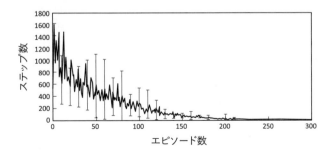

図 3-10 Excel で描画した学習曲線と標準偏差

3.2　プログラムの解説

まず，基本的な強化学習の動作の流れは次のとおりである．

1. 環境を初期化し，エージェントを初期位置に配置，Q テーブルを初期化する
2. Q テーブルを参照し行動を選択する
3. 行動実行したあと，得られる状態と報酬を観測する
4. 実行した行動と状態，報酬をもとに Q テーブルを更新する
5. ゴールに到達していないのであれば 2 に戻る

この流れを繰り返し，スタートからゴールへの移動にかかる行動価値を更新することで，最短経路を探査・学習することが可能となる．

なお，今回のチュートリアルのために用意したプログラムは，Threading[*4]を用いて**マルチスレッド**として構成されている．これは，matplotlib による画面表示や，pygame によるキーボード入力などの処理を強化学習に割り込ませないようにして，学習速度の低下を回避するためである．プログラムには，大きく分けて以下の 3 つのスレッドがある．

- Agent スレッド
- View スレッド
- main スレッド

グリッドワールドを表示する View スレッドには pygame を使用し，グラフ表示には matplotlib を使用している．以降では，pygame による表示部分やグラフ表示の部分の説明はできるだけ最低限にし，強化学習に関する部分のみ解説する．興味のある方は，Threading によるマルチスレッドプログラミングや matplotlib, pygame の機能詳細を Web などを活用して調べてみてほしい．

また，本書では強化学習や転移学習のメカニズムだけでなく，プログラムの動作も Python という言語に依存せず理解してほしいので，getter や setter による機能の抽象化を極力用いないで，できるだけ変数の所在をわかりやすくしている．

3.2.1　シミュレーションの初期化

では，シミュレーションのプログラム (rlSim_mt_v1r0) の流れにそって強化学習のメカニズムを説明していこう．本シミュレーションはコード 3.1 に示すような構成に

[*4] 並列計算を実現するプログラミング技法．

なっている．これは，プログラムの全体を俯瞰する疑似コードとして書いてある．

コード 3.1 rlSim_mt_v1r0 の構成

```
 9  importや変数宣言など
22  class Vars:
        シミュレーションに用いる定数や変数の宣言
              ︙
76  class Learning():
        Q学習の機能全般の実装
              ︙
197 class Agent(threading.Thread):
        Q学習エージェントの生成（class Learning()のインスタンス）
              ︙
        ロギング機能の有効化
              ︙
        Q学習の実行
270 class View(threading.Thread):
        pygameによるグリッドワールドの表示処理
              ︙
336 if __name__ == '__main__':
        matplotlibによるグラフの表示処理
              ︙
        pygameによるキーボード割込み処理
        threadingによるスレッド生成や管理
              ︙
        終了処理
```

　コード 3.1 では一番最初に if __name__ == '__main__': が実行され，その中で class View(threading.Thread): や class Agent(threading.Thread): がスレッドとして呼び出される．class Learning(): は Agent スレッドで生成するエージェントのインスタンスに用いられる．class Vars: は，すべてのクラスやメソッドから読み取り可能な変数が記述されているクラス変数の集合体である．従来のプログラミング言語のグローバル変数のような使い方をしている．

　プログラムの冒頭では import 文や変数宣言などを実行し，その後 class Vars: にて強化学習やシミュレーション固有のパラメータの変数宣言や値の初期化を行う．シミュレーションで調整可能なパラメータはコード 3.2 のとおりである．少々長いが class Vars: 冒頭をすべて掲載した．#で始まる記述はコメントなので，プログラムの動作には関係ない．

コード 3.2 強化学習のためのパラメータ

```python
class Vars:

    # 1行動ごとの待ち時間（秒）
    T_STEP = 0.0

    # 変数宣言
    L_RATE = [] # 学習率
    D_RATE = [] # 割引率
    FINISH = [] # 終了エピソード番号
    BOLTZMANN = [] # ボルツマン選択の温度定数
    P_REWARD = [] # 正の報酬
    N_REWARD = [] # 負の報酬
    R_PER_STEP = 0.0 # 各行動における報酬（任意）

    # 強化学習パラメータの設定
    L_RATE.append(0.1)
    D_RATE.append(0.99)
    FINISH.append(300)
    BOLTZMANN.append(0.05)
    P_REWARD.append(1.0)
    N_REWARD.append(-0.01)

    # numpy.arrayを用いたグリッドワールドの設定
    START = [10, 1] # (x, y)
    GOALP = [1, 10]
    GRID = numpy.array([[1, 1, 1, 1, 1, 1, 1, 1, 1, 1, 1, 1],
                        [1, 0, 0, 0, 0, 0, 0, 0, 0, 0, 0, 1],
                        [1, 0, 0, 0, 0, 0, 0, 1, 1, 1, 1, 1],
                        [1, 0, 1, 1, 0, 1, 0, 0, 0, 0, 0, 1],
                        [1, 0, 0, 1, 0, 1, 1, 0, 0, 1, 1, 1],
                        [1, 0, 0, 1, 0, 1, 1, 0, 1, 1, 0, 1],
                        [1, 1, 0, 1, 0, 0, 1, 0, 0, 0, 0, 1],
                        [1, 0, 0, 1, 1, 0, 1, 1, 1, 0, 1, 1],
                        [1, 0, 0, 0, 1, 0, 0, 0, 1, 0, 0, 1],
                        [1, 0, 0, 1, 1, 1, 1, 0, 0, 1, 0, 1],
                        [1, 0, 0, 0, 0, 0, 0, 0, 0, 0, 0, 1],
                        [1, 1, 1, 1, 1, 1, 1, 1, 1, 1, 1, 1]])
```

　これらのパラメータは学習性能を調整するための重要なパラメータであるため，各変数名を説明しておこう．25 行目の T_STEP はプログラムの実行速度の調整を行う．0.0 では計算可能な最速の速さで実行され，パソコンの性能によりシミュレーションの実行速度が変わる．たとえば 0.01 に設定した場合は，エージェントが 1 回行動し，次に行動するまでに 0.01 秒の待機時間が与えられる．

　28 行目の L_RATE は強化学習の学習率 α であり，配列 (list) 構造として宣言されている．37 行目にて append という機能を用いることで，学習率 $\alpha = 0.1$ に設定している．リストに append で代入しているのは，強化学習のパラメータのあと（配列の次のインデックス）に転移学習のパラメータを代入したい都合と，拡張性を多少考慮しての用いるためである．29 行目の D_RATE は強化学習の割引率 γ のことであり，今回は

38 行目で 0.99 に設定されている．30 行目の FINISH は学習シミュレーションを何エ
ピソードまで実行するかというエピソード数の上限値を設定する．今回のシミュレー
ションでは 300 エピソードの学習を行う．31 行目の BOLTZMANN はボルツマン選択の
温度定数 T で，今回は 0.05 と比較的小さい値を設定している．32 行目の P_REWARD
は，ゴールに到達した際にエージェントが得られる報酬 r である．今回は標準的に 1
としている．33 行目の N_REWARD は負の報酬で，壁に衝突するような行動を選択した
場合にエージェントに与える．今回は −0.01 に設定している．MDP のグリッドワー
ルドでは負の報酬がなくても強化学習を行うことが可能であるが，獲得報酬の変化も
結果として見たいので，ここでは小さな値を定義している．34 行目の R_PER_STEP は
エージェントが 1 行動実行するごとに得られる報酬で，通常は小さい負の報酬を与え
る．今回のシミュレーションでは 0.0 に設定しており，読者が今後使用できるように
宣言のみしている．

class Vars: では 60 行目からもパラメータが設定されているが，これらは pygame
やシミュレーションの動作制御用のパラメータである．慣れた読者以外いじらないほ
うがよい．

3.2.2 プログラムの開始とエージェントの生成

初期化処理が終了すると，プログラムは 336 行目の if __name__ == '__main__':
から実行される．ここではシンプルにメイン関数とよぼう．メイン関数は Agent ス
レッドと View スレッドを生成し，それらのスレッドとは独立して動作する．View ス
レッドはこのあとただひたすらグリッドワールドを描画するだけなので説明を割愛
する．Agent スレッドを生成すると class Agent(threading.Thread): が呼び出さ
れ，コード 3.3 のプログラム中の 202 行目が実行される．これを見るとわかるとおり，
class Learning(): は agt1 というインスタンスとして生成され，スレッドとしては
生成されない．その後，205 行目の resetWorld() によるエージェントの位置の初期
化やゴール座標の設定を行い，学習曲線のログデータを出力する logStepEpisode()
や Q テーブルを出力する logQtable() にて，強化学習シミュレーションのログファ
イル出力機能を定義している．

コード 3.3 エージェントの生成
```
202 agt1 = Learning()
```

スレッドは 257 行目の run() 関数から呼び出される．run() 関数では，メッセージ
出力やログファイルの名前設定などを行い，execute() 関数を呼び出すことで強化学

習を開始する．execute() は引数に先ほど生成したインスタンス **agt1** を与えるため，学習の結果などはすべて **agt1** というインスタンスが所有することとなる．次項からは **agt1** のインスタンスを生成するのに使用した，強化学習（Q 学習）機能が実装されている class Learning(): を追って説明していこう．

3.2.3　Q テーブルの生成

インスタンス **agt1** の生成で class Learning(): が呼び出されると，コード 3.4 に示す初期化が必ず実行される．

コード 3.4　パラメータ初期化と Q テーブルの宣言

```
78   def __init__(self):
79       # ログのための変数とリストの宣言
80       self.NEPISODE = 1 # 変更禁止
81       self.NSTEP = 0 # 変更禁止
82       self.TREWARD = 0 # 変更禁止
83       self.EPISODES = []
84       self.STEPS = []
85       self.TREWARDS = []
86
87       # Qテーブルのためのメモリ空間を確保
88       self.Q = numpy.zeros((Vars.GRID.shape[1], Vars.GRID.shape[0], 5))
89
90       self.STATE = [Vars.START[0], Vars.START[1]] # (x, y)
91       self.OLDSTATE = [Vars.START[0], Vars.START[1]]
92       # リスト構造の構成
93       # ACT[0]: これから実行する行動番号
94       # ACT[1]: 前回実行した行動番号
95       # ACT[2]: エージェントが移動できなかった際に使用するフラグ
96       self.ACT = [0, 0, 0]
```

80〜85 行目までは，エージェントに学習に関連する履歴データ保存用のリスト構造を宣言，初期化している．また，90〜96 行目も同様に強化学習に用いる変数宣言なので，次項にて説明する．重要なところは，88 行目の行動価値関数を構成する Q テーブルの宣言である．

Q テーブルは変数 Q として宣言されており，**多次元配列**である．宣言と同時に numpy.zeros で配列の大きさと初期値 0 を格納している．コード 3.4 を見ると，Q テーブルの大きさは GRID.shape[1] × GRID.shape[0] × 5 となる．GRID に Vars. がついているのは，class Vars() の中にあるクラス変数を参照しているためである．GRID.shape[0] と GRID.shape[1] は，それぞれプログラム中の 47 行目で宣言されている配列の行と列の数が参照でき，値はそれぞれ 12 であることがわかる．すなわち Q テーブルの大きさは 12 × 12 × 5 の大きさとなる．最後の引数 5 はエージェントが

実行可能な行動の数である．もし仮に行動の種類を増やしたい場合は，引数の 5 を手作業で変更する．

3.2.4　ロギング用変数やリスト

コード 3.4 の説明で割愛した変数を補足程度に説明していく．各エージェントは，自分の行動履歴を保存するため，いくつかの変数をインスタンス生成と同時に保有することとなる．コード 3.4 の 80～85 行目の変数の意味をそれぞれ以下に記す．

> NEPISODE ：現エピソード番号
> NSTEP ：現エピソードのステップ数（累積）
> TREARD ：現エピソードの獲得報酬（累積）
> EPISODES ：エピソード番号の履歴
> STEPS ：各エピソードにおけるステップ数の履歴
> TREWARDS ：獲得報酬の履歴

NEPISODE は episode number，NSTEP は step number，TREWARD は total reward を表しているので，プログラムを改造する場合は読み替え方を覚えておくとよいだろう．また，EPISODES には，エピソード番号が 1, 2, 3, ... のようにリストに値が代入されていく．その EPISODES に対応する形で，STEPS や TREWARDS にゴールまで到達までに要したステップ数や獲得報酬が代入されていく．

コード 3.4 の 90, 91 行目はそれぞれ，エージェントの現在位置（座標）と 1 ステップ前の位置（座標）を保存しておくリストである．ACT は行動履歴を保存するリストで，ACT[2] だけ例外的に，エージェントが壁に衝突して動けなかったときにフラグとして値が代入される．

3.2.5　行動選択

プログラム中 231 行目の execute() で実行されるプログラムの冒頭部分をコード 3.5 に示す．

コード 3.5　def execute() の冒頭

```
230  # 学習プロセスの実行
231  def execute(self, agt, num):
232      while agt.NEPISODE <= Vars.FINISH[num]:
233          if Vars.RUNNING:
234              agt.action(agt.STATE, agt.OLDSTATE, agt.Q, agt.ACT)
```

```
235            agt.NSTEP += 1
236            if agt.STATE == Vars.GOALP:
237                agt.updtQ(agt.STATE, agt.OLDSTATE, agt.Q, num, agt.ACT,
                       Vars.P_REWARD[num])
238                agt.STEPS.append(agt.NSTEP) # ステップ数をリストに追記
239                agt.EPISODES.append(agt.NEPISODE) # エピソード数をリストに追記
240                agt.NEPISODE += 1 # エピソード数に1を加算
241                agt.NSTEP = 0 # ステップ数の初期化
242                agt.TREWARD = agt.TREWARD + Vars.P_REWARD[num] # ゴール報酬の加算
243                agt.TREWARDS.append(agt.TREWARD) # 獲得報酬をリストに追記
244                agt.TREWARD = 0
245                self.resetWorld(agt.STATE) # 座標の初期化
246            elif agt.ACT[2] < 0:
247                agt.updtQ(agt.STATE, agt.OLDSTATE, agt.Q, num, agt.ACT,
                       Vars.N_REWARD[num])
248                agt.TREWARD += Vars.N_REWARD[num]
249            else:
250                agt.updtQ(agt.STATE, agt.OLDSTATE, agt.Q, num, agt.ACT,
                       Vars.R_PER_STEP)
251                agt.TREWARD = agt.TREWARD + Vars.R_PER_STEP
```

232 行目では，設定された while 文にて，上限エピソード数まで学習を繰り返すよう処理をしている．233 行目では，RUNNING = True であれば学習プロセスを実行し続けるが，"s" キーによる一時停止が入力されると RUNNING = False となり，シミュレーションが止まるようになっている．学習中は最初に 234 行目の action 関数が呼び出される．action 関数が呼び出されたあとは，1 回の行動が終了したことになるので，agt1 が持つ行動回数の記録用変数である NSTEP に +1 される．

action 関数と行動回数の加算を while 文で繰り返すわけであるが，236 行目にあるとおり，エージェントがゴール座標に到達したら，237 行目の updtQ() による行動価値の更新や，次のエピソードに移行するための処理が記述されている．updtQ 関数は Learning クラスが持っている．ゴールに到達していない場合は 246 行目か 249 行目が実行される．246 行目は，障害物に衝突したりしてエージェントがグリッドワールドの座標を移動できなかったときの else 文で，248 行目で負の報酬を加算している．エージェントが移動できた場合は，249 行目からの処理のとおり行動価値の更新を行う．今回のセットアップでは機能しないが，1 行動するごとに負の報酬 R_PER_STEP が加算される．

execute 関数で呼び出される action 関数は，class Learning(): 内にある関数で，エージェントがいまいる座標における行動価値から実行すべき行動を確率的に選択する関数である．action 関数の内容をコード 3.6 に示す．

コード 3.6　def action()

```
156  def action(self, state, oState, q, act):
157      total = ret = pmin = pmax = 0.0
158      v = p = numpy.zeros(5) # numpy.zerosを用いたリスト作成と初期化
159      act[1] = act[0] # 実行した行動番号の保存
160      rand = random.uniform(0.0, 1.0)
161      boltz = Vars.BOLTZMANN[0]
162
163      for i in range(0, 5):
164          v[i] = q[state[0]][state[1]][i]
165      for j in range(0, 5):
166          total = total + numpy.exp(v[j] / boltz)
167      for k in range(0, 5):
168          p[k] = (numpy.exp(v[k] / boltz)) / total
169
170      for n in range(0, 5):
171          pmax += p[n]
172          if pmin <= rand < pmax:
173              ret = self.collisionCheck(state, oState, n)
174              act[0] = n
175          pmin += p[n]
176
177      if ret < 0:
178          act[2] = ret
179      else:
180          act[2] = 0
```

action() では，157〜161 行目までで行動選択に一時的に必要な変数を定義してい
る．160 行目は 0.0〜1.0 の間でランダムな値を生成する関数である．163〜175 行目
までが行動選択の実際の計算処理となっており，ここではボルツマン選択による行動
選択のプログラムを実装している．

では，具体的に計算プロセスを見ていこう．式 (2.46) を見ると，算出する値はあく
までも $P(a_i|s)$ であり，ある時刻である状態 s のときに，ある行動 a_i を選択する条件
付き確率である．すなわち，行動を選択するためには，すべての行動 a_1〜a_n（本シミュ
レーションでは最大 5 つ）の条件付き確率としてボルツマン選択の式を計算しなけれ
ばならないことに留意しよう．コード 3.6 における条件付き確率の計算部分を，コー
ド 3.7 に再掲する．

コード 3.7　条件付き確率計算のプログラム部分

```
163  for i in range(0, 5):
164      v[i] = q[state[0]][state[1]][i]
165  for j in range(0, 5):
166      total = total + numpy.exp(v[j] / boltz)
167  for k in range(0, 5):
168      p[k] = (numpy.exp(v[k] / boltz)) / total
```

すでに説明したとおり，プログラム中では $Q(s,a)$ は q という多次元配列に格納さ

れており，for 文を用いて各行動の行動価値を呼び出している．エージェントの現在座標は state という配列に格納されており，$(x, y) = (\mathtt{state[0]}, \mathtt{state[1]})$ と考えて差し支えない．変数 boltz はボルツマン選択のランダム性を制御する温度定数で，すでに値が指定されている．

式 (2.46) をプログラム中で計算する場合，まず方策から状態 s における各行動の行動価値を配列 v[n] に保存する．それがプログラム中の 163, 164 行目である．次に，165, 166 行目で総和を求めて total という変数に代入し，次式（式 (2.46) の右辺分母）を計算する．

$$\sum_{a_j \in A} \exp\left\{ \frac{Q(s, a_j)}{T} \right\}$$

それぞれの行動価値 v[n] と total が用意できれば，$P(a_1|s)$ から $P(a_5|s)$ までの各行動における選択確率を式 (2.46) のように計算できる．コード 3.7 の 167 行目と 168 行目がそれに相当する．ここまでで，すべての $P(a_i|s)$ が計算できた．ボルツマン選択の計算においては，いかなる状態であっても

$$\sum_{a_i \in A} P(a_i|s) = 1 \tag{3.1}$$

であることを考える．それぞれの行動で求まる行動価値において，学習が進もうが進むまいが式 (3.1) が成り立つため，0.0～1.0 の間の乱数を生成することで行動が選択可能となる．Python の乱数生成関数を用いた行動選択コード 3.8 に示す．

コード 3.8　乱数を用いた行動選択

```
170  for n in range(0, 5):
171      pmax += p[n]
172      if pmin <= rand < pmax:
173          ret = self.collisionCheck(state, oState, n)
174          act[0] = n
175      pmin += p[n]
```

変数の中身を追って解説していこう．まず，乱数が入る変数は rand であり，$0.0 \leq$ rand ≤ 1.0 である．すでに述べたとおり，160 行目で乱数を生成している．この乱数と，$P(a_0|s)$～$P(a_4|s)$ の行動選択確率を用いて選択する．そのため，コード 3.8 の for 文の中にある if 文を展開して，疑似コードとして表すとコード 3.9 のようになる．

コード 3.9　乱数を用いた行動選択の処理イメージ

```
if 0 <= c < p[0]
    ret = collisionCheck(state, old_state, 行動番号0)
```

```
      act[0] = 行動番号0
if p[0] <= c < (p[0]+p[1])
      ret = collisionCheck(state, old_state, 行動番号1)
      act[0] = 行動番号1
if (p[0]+p[1]) <= c < (p[0]+p[1]+p[2])
      ret = collisionCheck(state, old_state, 行動番号2)
      act[0] = 行動番号2
if (p[0]+p[1]+p[2]) <= c < (p[0]+p[1]+p[2]+p[3])
      ret = collisionCheck(state, old_state, 行動番号3)
      act[0] = 行動番号3
if (p[0]+p[1]+p[2]+p[3]) <= c < (p[0]+p[1]+p[2]+p[3]+p[4])
      ret = collisionCheck(state, old_state, 行動番号4)
      act[0] = 行動番号4
```

　各行動の選択確率は温度定数 T の影響を受けた状態で算出されており，それらの行動選択確率を積算することでコード 3.8 のように選択する．図 3-11 は，温度定数 T が 0.5 と 0.05 のときの行動選択確率 $P(a_0|s)\sim P(a_4|s)$ の違いを表している．ここでは例として，行動 $a_0\sim a_4$ までの行動価値を，それぞれ 0.10, 0.75, 0.80, 0.60, 0.40 と設定している．直感的に表現すると，ボルツマン選択を用いた行動選択は，この円グラフにランダムにダーツを投げることと一緒である．図 (a) では T の値が大きく，選択確率に行動価値が反映されている（a_2 が比較的選ばれやすい）．一方，図 (b) では，行動価値が高い a_1 と a_2 が円グラフのほとんどを占め，a_0, a_3, a_4 はほぼ選択されないだろうということが予想される．同じ行動価値を用いても，温度定数 T を変更することで，ここまで行動選択確率を制御することができる．なお，$T=0.05$ の場合は，学習により行動価値が少しでも高まると，その行動を選択する確率がかなり高くなる．

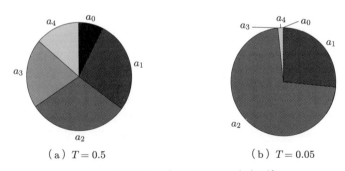

（a）$T=0.5$　　　　　　　　　　（b）$T=0.05$

図 3-11　温度定数 T が 0.5 と 0.05 のときの違い

　温度定数の変化における行動選択確率の変化を見たので，例として $T\to\infty$ の場合と $T\to 0$ の場合も見ていこう．実際に無限大や 0 は計算機で扱うには都合が悪いので，試しに $T=1000$ と $T=0.009$ として見ていこう．それぞれの温度定数で計算したグラフを図 3-12 に示す．ここでも同様に，行動 $a_0\sim a_4$ までの行動価値は 0.10, 0.75,

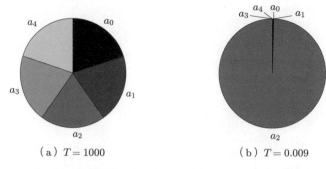

（a）$T = 1000$　　　　　　　　　（b）$T = 0.009$

図 3-12　温度定数 T が 1000 のときと 0.009 のときの違い

0.80, 0.60, 0.40 と設定している.

　先に述べたように，温度定数が十分に大きい場合は行動選択確率が均等になり，十分に小さい場合はグリーディ選択となる. 事実，図 (a) の円グラフは $a_0 \sim a_4$ のそれぞれの面積が一緒となり，行動の選択はランダムに近づく. $T = 0.009$ のときは行動価値が一番高い a_2 の行動選択確率が円グラフのほとんどを占めるため，それしか選択されない，すなわちグリーディ選択となる. 興味があれば様々な値を使って計算してみるとよいだろう.

　さて，action() の返り値は ret や act[0] になるが，ret には，壁などに衝突して移動できなかったときは −1，それ以外は 0 が返ってくる collisionCheck() の値が入る. また，act[0] には選択した行動が入ることになる. 実行できた行動ではないことに注意が必要であり，選択した行動と，実行できた行動とは必ずしも同じにはならない.

3.2.6　衝突検知と自己位置の更新

　前項の action() では，関数の中で collisionCheck() を呼び出している. この関数は，壁などへの衝突を検知するために，実装上の都合で用意している関数であり，強化学習や転移学習の話とは少し離れるので機能だけ説明しよう. collisionCheck() は，エージェントが行動を選択して，移動できれば自己位置を更新し，壁への衝突などにより移動できない場合は現在の位置に留まり −1 を返す関数である. これにより，壁への衝突による負の報酬を与えることができ，また他のオプショナルな制御が可能となる. なお，本シミュレーションでの環境は，スタート地点やゴール地点のほかに移動できない障害物や移動可能な通路を定義しており，collisionCheck() では，エージェント自身が選択した行動により移動した先が通路 (ROAD) やゴール (GOAL) であれ

ば移動する，という処理を実行している．

collisionCheck() の中では move() を呼び出している．これは，行動選択した行動で移動可能である場合は，エージェント自身が保持している自己位置座標の配列を移動した先の座標に更新する関数である．現在の自己位置座標 (state[0], state[1]) を更新すると同時に，移動元と移動先のエージェントの画面描画更新処理も担っている．

3.2.7　行動価値更新

前項までの説明にて，エージェントは行動を選択し，座標を移動した．その後はどのような処理が実行されるのか，コード 3.5 における**行動価値更新**の部分をコード 3.10 に再掲して解説しよう．

コード 3.10　価値更新

```
236  if agt.STATE == Vars.GOALP:
237      agt.updtQ(agt.STATE, agt.OLDSTATE, agt.Q, num, agt.ACT, Vars.
         P_REWARD[num])
238      agt.STEPS.append(agt.NSTEP) # ステップ数をリストに追記
239      agt.EPISODES.append(agt.NEPISODE) # エピソード数をリストに追記
240      agt.NEPISODE += 1 # エピソード数に1を加算
241      agt.NSTEP = 0 # Set default value as 0 step
242      agt.TREWARD = agt.TREWARD + Vars.P_REWARD[num] # ゴール報酬の加算
243      agt.TREWARDS.append(agt.TREWARD) # 獲得総報酬をリストに追記
244      agt.TREWARD = 0
245      self.resetWorld(agt.STATE) # 座標の初期化
246  elif agt.ACT[2] < 0:
247      agt.updtQ(agt.STATE, agt.OLDSTATE, agt.Q, num, agt.ACT, Vars.N_REWARD[num])
248      agt.TREWARD += Vars.N_REWARD[num]
249  else:
250      agt.updtQ(agt.STATE, agt.OLDSTATE, agt.Q, num, agt.ACT, Vars.R_PER_STEP)
251      agt.TREWARD = agt.TREWARD + Vars.R_PER_STEP
```

コード 3.10 は，まず if 文で 3 つの条件に分かれている．236 行目の if 文はゴールした場合の条件，246 行目の elif は agt.ACT[2] が 0 以下，つまり選択した行動では障害物などに衝突して移動できない場合の条件である．249 行目の else は学習中の移動に関する分岐である（つまり，ゴールにも到達しておらず障害物にも衝突していない）．それぞれの条件分岐の最初には必ず updtQ() が呼び出されており，これが強化学習のコアである価値更新の関数である．では，関数 updtQ() を見てみよう．

コード 3.11　Q 値の更新

```
188  # Q値の更新
189  def updtQ(self, state, oState, q, mode, act, reward):
190      maxQact = self.argMaxQ(state, q, 5)
```

```
191    TDerror = Vars.D_RATE[mode] * q[state[0]][state[1]][maxQact] - \
192            q[oState[0]][oState[1]][act[0]]
193    q[oState[0]][oState[1]][act[0]] = q[oState[0]][oState[1]][act[0]] + \
194                            Vars.L_RATE[mode] * (reward + TDerror)
```

コード 3.11 は，選択して実行した行動と移動前と移動後の座標における行動価値を
もとに，Q テーブルに記されている行動価値を更新する処理である．関数呼び出しの
直後の argMaxQ() は，式 (2.10) の中で行動価値や学習パラメータとの四則演算以外
で唯一関数の形をとっている $\max_{a' \in A} Q(s_{t+1}, a')$ を実現する関数である．argMaxQ()
の内容をコード 3.12 に示す．

コード 3.12 def argMaxQ()

```
182  def argMaxQ(self, state, q, numAct):
183      tmpValue = numpy.zeros(numAct)
184      for i in range(0, numAct):
185          tmpValue[i] = q[state[0]][state[1]][i]
186      return numpy.argmax(tmpValue)
```

コード 3.12 では，最大の行動価値を持つ行動番号を得るために numpy.argmax() 関
数を使用している．可読性の向上や動作の確実性を考えると numpy のライブラリを活
用するのが一般的であるが，今回のシミュレーションでは実行スピードのボトルネッ
クとなってしまう．シミュレーションの実行速度を上げたい場合は，コード 3.13 のよ
うに，最大の行動価値を持つ行動番号を検索するプログラムに置き換えるとよい．

コード 3.13 argMaxQ() の高速化

```
182  def argMaxQ(self, state, q, numAct):
183      tmpValue = numpy.zeros(numAct)
184      for i in range(0, numAct):
185          tmpValue[i] = q[state[0]][state[1]][i]
186      tmpMaxValue = actNum = 0
187      for j in range(0, numAct):
188          if tmpMaxValue <= tmpValue[j]:
189              tmpMaxValue = tmpValue[j]
190              actNum = j
191      return actNum
```

Q テーブルの更新の例として，1 エピソード目にてゴールに到達した場合の価値更新
考えよう．エージェントは座標 $(1, 9)$ からゴール座標 $(1, 10)$ に到達したとする．1 エ
ピソード目は当然行動価値が Q テーブルに書き込まれていない（ここでは初期値 0 と
する）ので，ランダム動作を繰り返したうえで偶然ゴールに到達したことになる．こ
のときの座標は $s_t = (1, 9)$ であり，$s_{t+1} = (1, 10)$ になると考えられる．s_t から s_{t+1}

までに到達する行動は $a = 2$ となる[*5]. 式 (2.10) に値を代入するために次のように値を整理しよう. パラメータを

$$\alpha = 0.1, \quad \gamma = 0.99, \quad r = 1.0$$

としたとき,

$$Q(s_t, a) = Q((1, 9), 2) = 0.0$$
$$\max_{a' \in \mathbf{A}} Q(s_{t+1}, a') = \max_{a' \in \mathbf{A}} Q((10, 10), a') = 0.0$$

となる. このとき, $\max_{a' \in \mathbf{A}} Q(s_{t+1}, a')$ はゴール地点からは移動せず, そもそも行動選択をする必要もないので, 今回のシミュレーションでは値が 0 になる. これらの値を実際に Q 学習の式 (2.10) へ代入してみると,

$$Q((1, 9), 2) = Q((1, 9), 2) + \alpha \left\{ r + \gamma \max_{a' \in \mathbf{A}} Q((1, 10), a') - Q((1, 9), 2) \right\}$$
$$= 0.0 + 0.1 \times (1 + 0.99 \times 0.0 - 0.0)$$
$$= 0.1$$

であるため, Q テーブルの $Q((1, 9), 2)$ に代入されるべき値は 0.1 であることがわかる.

1 エピソード目はゴールに到達したので, エージェントはスタート地点に戻され, 2 エピソード目がスタートする. そこで今度は 2 エピソード目のゴール付近での行動価値の更新を考えてみよう. 学習パラメータは同じままで, 座標 $s_t = (1, 8)$ から, $s_{t+1} = (1, 9)$ に移動するときを考えよう. これは, 1 エピソード目でゴールに到達したことにより獲得した報酬をもとに計算した行動価値が, 他の座標に伝播する様子を計算する.

$$r = 0.0$$
$$Q(s_t, a) = Q((1, 8), 2) = 0.0$$
$$\max_{a' \in \mathbf{A}} Q(s_{t+1}, a') = \max_{a' \in \mathbf{A}} Q((1, 9), a') = 0.1$$

ここではもちろん座標 $(1, 8)$ から座標 $(1, 9)$ への移動なので, 行動は先ほどと同様に $a = 2$ である. では, Q 学習の式 (2.10) へ代入してみると,

$$Q((1, 8), 2) = Q((1, 8), 2) + \alpha \left\{ r + \gamma \max_{a' \in \mathbf{A}} Q((1, 9), a') - Q((1, 8), 2) \right\}$$
$$= 0.0 + 0.1 \times (0.0 + 0.99 \times 0.1 - 0.0)$$

[*5] ここでの行動の番号は, グリッドワールドにおけるプログラム中で 0 = 上, 1 = 右, 2 = 下, 3 = 左, 4 = 停止としたときの番号である.

$$= 0.0099$$

となる．このように，1エピソード目でゴールから計算した行動価値が，ゴールから離れた座標にも伝播することが見てとれる．このことから，エージェントがグリッドワールドをうろうろと探査すればするほど，行動価値がよりゴールから離れたところへ伝播し，ゴールへの経路が学習されるのである．ここで，1エピソード目で座標 $(1,9)$ に更新された値と2エピソード目で $(1,8)$ に更新された値はそれぞれ 0.1 以下であることに着目してほしい．ゴールはすぐそこなのに，更新される行動価値が小さすぎるのではないかと思うかもしれない．これらの更新する値の大きさを決めるのは学習率 α と割引率 γ である．学習率が大きく，割引率が小さいほど，更新される価値は大きくなる．しかし，価値更新を大きくしすぎると学習は高速になるが，最短経路に収束しない可能性が出てくる．これは，十分な探査を行わないまま行動価値が大きくなり，準最適解に収束してしまうためである．学習率を小さく，割引率を大きくしておくと，価値の伝播は小さいが，エージェントは時間をかけて様々な場所を探査するため，最短経路を発見しやすくなるのである．

　さて，ここまでで強化学習をスタートさせるところから，行動を選択し，その結果でQテーブルを更新するところまで説明した．これ以降は，エージェントが何度もゴール座標へ到達し，シミュレーション内で設定した最大エピソード数まで行動選択と価値更新を繰り返し続ければ，学習は完了する．

3.2.8　エージェントが移動できなかったときの価値更新

　衝突検知と価値更新に関連する問題として，「壁との衝突により移動できなかった」という状態が，実は少しやっかいである．エージェントが進もうと思った方向に障害物がある場合，「進もう」と意思決定したにもかかわらず進めない．この場合の行動価値の更新はどのように行うのか，動かなかった場合も1ステップにカウントしてよいのかといった問題は，強化学習の理論では規定されない実装上の問題で，プログラムの設計者に委ねられる．実装の方法として，以下の4つが考えられるだろう．

1. 壁に衝突する移動を選択し動けなかった場合，座標を更新せず，$s = s'$ とし，そのまま強化学習の価値更新を行う
2. あらかじめ行動選択を行う前に壁を認識しておき，衝突が予期される行動は選択肢から除外する
3. 壁に衝突する移動を選択した場合，再度行動選択を行い，移動可能な行動が選択されるまで繰り返す

4. 壁に衝突する移動を選択した場合，移動せず負の報酬を獲得して価値更新を行う

どの方法を選択しても，強化学習の目的である報酬の最大化，最適解の学習に対しての影響は少ない．また，プログラミングスキルがあればどれも簡単に実装可能だろう．とくに特殊な理論やシステムは必要ない．本書の強化学習・転移学習シミュレーションは，基本的に 1 と 4 を使い分けられるように作られている．1 のタイプの価値更新をシミュレーションしたい場合はプログラム 42 行目の N_REWARD の値を 0.0 に設定する．4 のタイプの価値更新をシミュレーションしたい場合は，N_REWARD が負の値に設定されていればよい．2 と 3 のタイプの価値更新を実現する場合は，シミュレーションに多くの機能を追加実装する必要がある．

1 の実装には，とくに特別な機能を追加する必要はない．しかし，壁へ衝突するような移動方向の行動が選択できてしまう場合，とりわけ Q 学習ではこのような行動にも行動価値が入ってしまうことがあるので注意が必要である．

2 は，あらかじめ選択しても意味がない行動を除外するので，最も効果的な学習ができる方法であると考えられる．しかし，シミュレーションにおいて，行動選択の後に移動後の座標が障害物であったり移動できないエリアであったりした場合は，その行動を除外して再度行動を選択するプログラムを作成する必要がある．除外した行動以外の行動から確率的な選択を行うので，行動選択プログラムに工夫が必要となる点に注意しよう．

3 を実装するには，実行可能な行動が選択されるまで行動選択関数を再帰呼び出しをかけるのがシンプルな方法だろう．しかし，再帰呼び出しで回数制限などを設けないと無限ループに陥る可能性もあるので，注意が必要である．

4 は，壁への衝突（行動した結果の移動先に壁情報が書き込まれている）を検知した場合，1 のように座標更新をしないで行動価値を更新するが，負の報酬により壁衝突方向の行動が抑制することが可能である．この方法を実装する場合には，少し大きめに負の報酬を設定しておくとよいだろう．

第3章のまとめ

　本章のシミュレーションやプログラムの説明，結果の説明を通じて強化学習の振る舞いが理解できただろうか．今回のシミュレーションはゴール位置が固定されており，障害物配置なども学習中には変動しない，とてもシンプルなものである．転移学習の前に，まず強化学習で様々な動作を試したい読者は，プログラムを改良してみるとよいだろう．エージェントのスタート位置をランダムにしてもよいし，環境の障害物はエージェントが押して動かせるようにしてもよい．ゴール自体が移動する環境設定もよくあり，獲物を追いかけるような様に例えて，**追跡問題**や **predator-prey problem** などともよばれる[24]．強化学習の発展的なことを学びたいのであれば，文献 [22] が理論的にも応用的にも良書である．

　動的な環境における強化学習を試してみたい場合は，シミュレータをマルチエージェント強化学習に改造してみるとよいだろう．強化学習するエージェントをもう1つ用意し，獲物を協調捕獲するシミュレーションは，パフォーマンス（捕獲性能）の向上は見られるが，学習曲線の一意な収束は発現しない．これらの知見に関しては，文献 [25, 26] が参考になる．その他にも多くの研究者がマルチエージェント強化学習における論文を発表しており，協調行動学習などは非常に興味深い結果や考察を含むため，ぜひ調べてみるとよい．

コラム2　セマンティックマップを用いた移動ロボットの強化学習

　本書の強化学習シミュレーションにおいては，ゴールにおける正の報酬だけでなく，落とし穴や崖と表現されるエリアの負の報酬が実装されている．もちろんヒトから見ると穴や崖にロボットが落ちたら悪いことなのは自明であるが，実際の環境で崖を検知し，さらに落ちたあとに負の報酬を与えることは難しい．ここでは，実際の環境をセンサでスキャンし，特定のエリアを避けての移動を実現する強化学習システムを紹介しよう[59]．

　東日本大震災における福島第一原子力発電所の例でも明らかなとおり，災害現場では，2次災害リスクなどの理由によりヒトの立入が難しいエリアが多数発生する．そのため，遠隔操作型のロボットが活躍しているわけであるが，操作には訓練が必要であり，その場に居合わせた素人が操縦するわけにはいかない．

　そこで，災害対応用クローラ型移動ロボット（通称**レスキューロボット**）に搭載されたセンサにより得られた複数種類の情報をもとに，SLAM (Simultaneous Localization and Mapping) を用いたロボットの自己位置推定と環境地図生成，その地図を用いた仮想環境におけるレスキューロボット移動の強化学習シミュレーションを行い，最後に学習結果を実機ロボットに転移して自律移動するレスキューロボットシステムが開発されている．システム（ロボット）のオペレータが移動させたい方向を指示し，上記のセンサ情報取得 (sensing) と SLAM による地図生成 (mapping)，仮想環境での強化学習 (learning)，実機ロボットの移動 (operation) を繰り返し，災害現場を移動して探査する．そのため本研究の手法はそれぞれのプロセスの頭文字をとり，SMLO ループ，SMLO システムなどとよばれている．また，複数種類のセンサ情報により生成された環境地図を**セマンティックマップ**とよんでおり，データであるがゆえに実環境を模した強化学習シミュレーションを実行できる．本研究では**図1**のようなレスキューロボットが使用されている．搭載センサには，形状情報を取得する LiDAR と RGB-D カメラ，水源を同定するための近赤外カメラ（NIR カメラ）が搭載されている（**図2**）．

　実際には，国立研究開発法人日本原子力研究開発機構福島研究開発部門楢葉遠隔技術開発

図1　レスキューロボット Mk-9

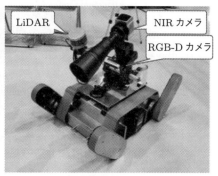

図2　複数センサを搭載した Mk-9

図3　NARREC のモックアップ階段

図4　実環境データの計測シーン

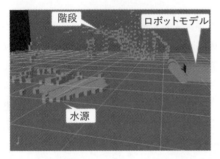

図5　計測データをシミュレータに取り込んだ様子

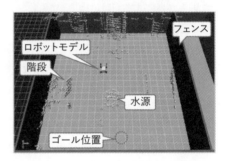

図6　シミュレーション環境の俯瞰図

センター (NARREC) の試験棟モックアップ階段を利用している（図3）.

　実験のセットアップとしては，まず図4のように，実環境においてロボットに搭載されたセンサを用いて，環境形状となる3次元点群データと，水源を同定する近赤外の吸光量を計測する[62, 63]．水源はビニールシートを用いて再現している．計測した形状情報と水源情報を**物理演算**シミュレータに取り込むと図5のようになり，俯瞰すると図6のようになる．物理演算シミュレータは，なるべく実環境に近い状況でロボットモデルの移動の強化学習を行うために用いており，今回の実験では産業技術総合研究所で開発された Choreonoid を使用している[60]．また，物理演算のライブラリには Algoryx の AGX Dynamics を使用している[61]．LiDAR からの点群データは各点を中心としたブロック（ボクセル）としてシミュレータ内で表現している．今回のシステムでは水情報などもボクセルで表現し，座標情報に属性，すなわち負の報酬を付与する．本実験でも強化学習には Q 学習を使用し，学習率 $\alpha = 0.5$，割引率 $\gamma = 0.1$ としている．報酬は，座標の範囲で与えられているゴールに入ると $r = 1$ を獲得し，シミュレーション環境中に用意したフェンス[*6]への衝突，水源への進入は $r = -5$ となるように設定している．行動選択関数には ϵ-グリーディ法を用いており，$\epsilon = 0.1$ でシミュレーショ

*6　センサから取得した3次元点群は，閉じた環境（壁で覆われている）ではないため，点群の隙間からロボットが無限の彼方へ移動してしまう．それを防ぐためフェンスを設置してある．

ンしている．シミュレーション内のロボットが観測可能の状態としては，本来ならば連続量を取り扱うべきであるが，学習の検証のため粗視化した x, y 座標，すなわちグリッドワールドとして設定している．

　シミュレーション環境で強化学習した結果の学習曲線を図 7 に示す．報酬の推移は比較的収束傾向が現れているが，ステップ数においては収束傾向が出始めたくらいであると見てとれる．学習したレスキューロボットの移動経路を図 8 に示す．水源と構造物を表すボクセル，フェンスを避けて移動し，ゴールまで到達している．これにより，3 次元セマンティックマップを用いた物理演算シミュレーションによる実機ロボットのための強化学習シミュレーションが可能であることが示せた．移動の途中でゴールとは逆方向に移動（寄り道）している部分も見られるが，これは水源を避ける方向に動いており，スタート地点に近いことからも，まだ学習が十分でなく，報酬や行動価値がゴールのほうから十分に伝播してきていないと考えられる．また，図 8 の移動軌跡において 2 点重なっているような箇所は，その場での旋回動作[*7]をしている．しかし，物理演算シミュレーションであるため，滑りや移動誤差なども発生していると考えられる．

　ここで紹介したセマンティックマップを用いた強化学習例は，あくまでも我々のアレンジである．強化学習の書籍でよく説明されている負の報酬は，セマンティックマップのような情報を実環境から取得することにより実現可能である．しかし，LiDAR も NIR カメラも個人ではなかなか買える金額ではないので，コストの面では難しいところである．

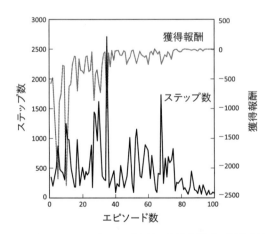

図 7　セマンティックマップを用いた強化学習の学習曲線

---

*7　クローラ型の移動体においては超信地旋回とよばれる動作．

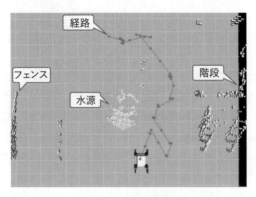

図 8　学習した移動経路

転移学習の理論

　本章では，転移学習の理論的な内容について述べる．第2章と同様に，先に転移学習シミュレーションを実行してみたいという読者は，次章に進んでいただいてかまわない．第1章で転移学習を定性的に説明したが，ここでは機械学習における転移学習の定義や強化学習における転移学習の考え方などを順次議論していく．さらに，初期の転移強化学習から，関連技術の発達により変容してきた比較的最近の転移強化学習の考え方についても述べる．

4.1　転移学習の定義

　まず，機械学習における転移学習を定義しておこう[10, 11]．はじめに，これまでソースドメインやターゲットドメインに用いてきたドメインという言葉をきちんと定義しよう．ドメイン $\mathbb{D}$ は，特徴空間 $\mathscr{X}$ と周辺確率分布 $\mathbb{P}^X$ の2つのコンポーネントで構成され，次式で定義される．

$$\mathbb{D} = \{\mathscr{X}, \mathbb{P}^X\} \tag{4.1}$$

　実際の入力値である入力インスタンスは $\mathbf{x}$ で表し，$\mathbf{x} \in \mathscr{X}$ である．ある特定のドメイン $\mathbb{D}$ が与えられた場合，タスク $\mathbb{T}$ はラベル空間 $\mathscr{Y}$ と予測関数 (prediction function) $f(\cdot)$ で構成され，

$$\mathbb{T} = \{\mathscr{Y}, f(\cdot)\} \tag{4.2}$$

のように定義される．予測関数 $f(\cdot)$ は複数の入力インスタンス $\{\mathbf{x}^*\}$ を予測するために使用され，確率として考えると $f(\mathbf{x})$ は $P(\mathbf{y}|\mathbf{x})$ と書くことができる．分類問題においては，ラベルは $\mathscr{Y} = \{-1, +1\}$ のようにバイナリ（2値）にすることができ，さらにはマルチプルクラスとして記述することもできる*1．

　転移学習の例として，ソースドメイン $\mathbb{D}_s$ とターゲットドメイン $\mathbb{D}_t$ を考えてみよう．

*1　回帰問題では，ラベルは連続値をとると考えられる．

$\mathscr{D}_s = \{(\mathbf{x}_{s_i}, \mathbf{y}_{s_i})\}_{i=1}^{n_s}$ はデータでラベル付けされたソースドメインを表すとする．ここ
で，$\mathbf{x}_{s_i} \in \mathscr{X}_s$ は入力データであり，$\mathbf{y}_{s_i} \in \mathscr{Y}_s$ は対応するクラスのラベルである．同様
に，$\mathscr{D}_t = \{(\mathbf{x}_{t_i}, \mathbf{y}_{t_i})\}_{i=1}^{n_t}$ はターゲットドメインのラベル付きデータを表す．$\mathbf{x}_{t_i} \in \mathscr{X}_t$ は
入力で，$\mathbf{y}_{t_i} \in \mathscr{Y}_t$ は対応する出力である．ほとんどの場合，$0 \le n_t \ll n_s$ である．これ
までの文脈に基づいて，転移学習は次のように定義される．

> **定義 1　転移学習**
>
> 　ソースドメイン $\mathbb{D}_s$ と学習タスク $\mathbb{T}_s$，ターゲットドメイン $\mathbb{D}_t$ と学習タスク $\mathbb{T}_t$ が与えら
> れるとき，転移学習は，$\mathbb{T}_s$ と $\mathbb{D}_s$ における知識を用いて，ターゲットドメインのための予
> 測関数 $f_t(\cdot)$ の学習の改善を助けることを目的とする．ここで，$\mathbb{D}_s \ne \mathbb{D}_t$，または $\mathbb{T}_s \ne \mathbb{T}_t$
> であるとする．

　すでに述べたとおり，ドメインには 2 つのコンポーネントが含まれており，$\mathbb{D}_s \ne \mathbb{D}_t$
という条件は $\mathscr{X}_s \ne \mathscr{X}_t$ ないしは $\mathbb{P}^{X_s} \ne \mathbb{P}^{X_t}$ であることを意味する．同じく，タスク
も 2 つのコンポーネントのペアとして定義されているため，$\mathbb{T}_s \ne \mathbb{T}_t$ という条件は，
$\mathscr{Y}_s \ne \mathscr{Y}_t$ もしくは $P(\mathbf{y}_s|\mathbf{x}_s) \ne P(\mathbf{y}_t|\mathbf{x}_t)$ $(\mathbb{P}^{Y_s|X_s} \ne \mathbb{P}^{Y_t|X_t})$ であることを意味する．もし
ソースドメインとターゲットドメインが同じ，すなわち $\mathbb{D}_s = \mathbb{D}_t$ かつ $\mathbb{T}_s = \mathbb{T}_t$ の場合
は，従来の機械学習問題となる．

　これまでの定義を踏まえ，既存の転移学習問題を様々な設定で分類することができ
る．たとえば，特徴空間やラベル空間のホモジニティ（同質性）に基づくと，**ホモジ
ニアス転移学習**と**ヘテロジニアス転移学習**の 2 つに分類できる．

> **定義 2　ホモジニアス転移学習**
>
> 　ソースドメイン $\mathbb{D}_s$ と学習タスク $\mathbb{T}_s$，ターゲットドメイン $\mathbb{D}_t$ と学習タスク $\mathbb{T}_t$ が与え
> られたとして，ホモジニアス転移学習は，$\mathbb{D}_t$ のためのターゲット予測関数 $f_t(\cdot)$ の学習
> の改善を助けることを目的とし，$\mathbb{D}_s$ と $\mathbb{T}_s$ を転移する知識として使用する．このとき，
> $\mathscr{X}_s \cap \mathscr{X}_t \ne \emptyset$ かつ $\mathscr{Y}_s = \mathscr{Y}_t$ である．ただし，$\mathbb{P}^{X_s} \ne \mathbb{P}^{X_t}$ または $\mathbb{P}^{Y_s|X_s} \ne \mathbb{P}^{Y_t|X_t}$ である必要
> がある．

　前半の記述は定義 1 と同じであるため，重要なところだけかいつまんで解説すると，
入力データの集合 $\mathscr{X}_s$ と $\mathscr{X}_t$ の積集合が空集合でないということは，何かしらの共通
する部分集合が存在し，かつ，同時にラベル集合 $\mathscr{Y}_s$ と $\mathscr{Y}_t$ が等しい必要がある．ただ
し，各ドメインの周辺確率分布 $\mathbb{P}^{X_s}$ と $\mathbb{P}^{X_t}$ が異なるか，もしくは各タスクの予測関数
$\mathbb{P}^{Y_s|X_s}$ と $\mathbb{P}^{Y_t|X_t}$ が異なっている必要がある．

> **定義 3　ヘテロジニアス転移学習**
>
> 　ソースドメイン $\mathbb{D}_s$ と学習タスク $\mathbb{T}_s$，ターゲットドメイン $\mathbb{D}_t$ と学習タスク $\mathbb{T}_t$ が与え

られたとして，ヘテロジニアス転移学習は，$\mathbb{D}_t$ のためのターゲット予測関数 $f_t(\cdot)$ の学習の改善を助けることを目的とし，$\mathbb{D}_s$ と $\mathbb{T}_s$ を転移する知識として使用する．このとき，$\mathscr{X}_s \cap \mathscr{X}_t = \emptyset$ または $\mathscr{Y}_s \neq \mathscr{Y}_t$ である．

ヘテロジニアス転移学習は，定義2のホモジニアス転移学習と比較すると定義が簡単である．入力データの集合 $\mathscr{X}_s$ と $\mathscr{X}_t$ の積集合が空集合であるということは，同じ値が1つもない，まったく異なる入力データであるといえる．さらに，$\mathscr{Y}_s \neq \mathscr{Y}_t$ である場合もヘテロジニアス転移学習と定義され，ラベル空間がソースとターゲットで異なることを意味する．なお，ヘテロジニアス転移学習において $\mathscr{X}_s \cap \mathscr{X}_t = \emptyset$ であれば，入力データのそれぞれの周辺確率分布は $\mathbb{P}^{X_s} \neq \mathbb{P}^{X_t}$ になる．また，$\mathscr{Y}_s \neq \mathscr{Y}_t$ でラベル集合も異なるのであれば，予測関数も $\mathbb{P}^{Y_s|X_s} \neq \mathbb{P}^{Y_t|X_t}$ になる．

以上をふまえて，ドメインやタスク，それぞれのコンポーネントによる転移学習の定義表4-1にまとめた．

表4-1 転移学習の分類

分類	ドメイン $\mathbb{D}$		タスク $\mathbb{T}$
転移学習	$\mathbb{D}_s \neq \mathbb{D}_t$	または	$\mathbb{T}_s \neq \mathbb{T}_t$
ホモジニアス転移学習	$\mathscr{X}_s \cap \mathscr{X}_t \neq \emptyset$	かつ ただし	$\mathscr{Y}_s = \mathscr{Y}_t$
	$\mathbb{P}^{X_s} \neq \mathbb{P}^{X_t}$	または	$\mathbb{P}^{Y_s|X_s} \neq \mathbb{P}^{Y_t|X_t}$
ヘテロジニアス転移学習	$\mathscr{X}_s \cap \mathscr{X}_t = \emptyset$	または	$\mathscr{Y}_s \neq \mathscr{Y}_t$

ホモジニアス転移学習においては，入力データにおいて共通する部分があり，なおかつラベル空間が同じであるため，比較的やさしい転移学習であることは理解しやすいだろう．一方，ヘテロジニアス転移学習は，入力データに共通する部分がまったくない，もしくはラベル空間が異なるという条件であるため，比較的難しい転移学習である[*2]．また，$\mathscr{X}_s \neq \mathscr{X}_t$ もしくは $\mathbb{P}^{X_s} \neq \mathbb{P}^{X_t}$ である転移学習をドメイン間転移 (cross-domain transfer)，$\mathscr{Y}_s \neq \mathscr{Y}_t$ もしくは $\mathbb{P}^{Y_s|X_s} \neq \mathbb{P}^{Y_t|X_t}$ である転移学習をタスク間転移 (cross-task transfer) とする分類もある[32]．

これまで，特徴空間（すなわち入力データ）やラベル空間の同質性の観点から転移学習を分類したが，ターゲットドメインでラベル付きデータとラベルなしデータが利用可能かどうかにより，「教師あり転移学習」「半教師あり転移学習」「教師なし転移学習」に分類することもできる．これら3つの分類は，1.4.1項で述べたとおりである．

---

*2 文献 [10] では，特別断りがない限り，転移学習はホモジニアス転移学習を示すと述べられている．

4.2 強化学習における転移学習の定義

　前述の転移学習の定義は，機械学習全般に適用可能な概念となっている．ラベルや周辺確率分布，予測関数などは強化学習問題としてはイメージしにくいところもある．より具体的な解釈のために，ここでは，強化学習における転移学習の定義を紹介しよう[10]．

　強化学習における転移学習は，1つまたは複数の関連する異なるソースドメインからの知識を活用することにより，ターゲットドメインのパフォーマンスを向上させることを目的としている．ここで，ソースドメインとターゲットドメインはMDPで記述できるとし，それぞれ $\mathcal{M}_s$ と $\mathcal{M}_t$ とおく．転移強化学習の説明に用いられる例として，単一ドメインのケースである**マウンテンカー問題**がある（図 4-1）．マウンテンカー問題とは，車を左右もしくは東西南北などに移動させて，山頂（ゴール）まで登り切る問題である．2次元のマウンテンカー問題では，水平位置と速度の組み合わせ，つまり $(x, \dot{x})$ を状態 s として取り扱う．エージェントは各タイムステップで $\boldsymbol{A}_s = \{左, 右, 何もしない\}$ の行動を決定し実行する．3次元のマウンテンカー問題では，状態は2次元版と関連させ $(x, \dot{x}, y, \dot{y})$ で表し，行動空間は5つの選択肢 $\boldsymbol{A}_t = \{東, 西, 南, 北, 何もしない\}$ とする．できるだけ速くゴールまで車を運転するために，各タイムステップの報酬は -1 とする．

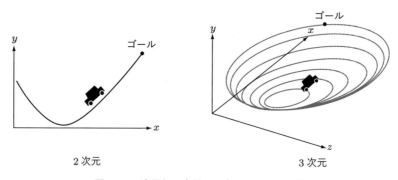

2次元　　　　　　　　　　　　　　　3次元

図 4-1　2次元と3次元のマウンテンカー問題

　転移学習の設定を考えるために，まずMDP $\mathcal{M}$ でモデル化できる環境における「ドメイン」と「タスク」の概念をそれぞれ定義する．MDP $\mathcal{M}$ のドメイン，つまり $\mathbb{D}_{\mathcal{M}}$ には状態空間 $\boldsymbol{S}$ と行動空間 $\boldsymbol{A}$ が含まれる．2つのMDPが異なるドメインに属している場合，状態空間または行動空間は異なる．異なるドメインを持つMDP間の転移学習は，ソースドメインとターゲットドメイン間の対応関係 (inter-domain mapping) を用いる．

　ドメイン $\mathbb{D}_{\mathcal{M}}$ が与えられた場合，タスク $\mathbb{T}_{\mathcal{M}}$ は遷移関数 $\mathbb{P}_{\mathcal{M}}$ と報酬関数 $\mathbb{R}_{\mathcal{M}}$ の 2 つのコンポーネントで与えられる．異なるタスクを持つ MDP には，独自のダイナミクスまたは報酬関数が存在する．2.2 節でも説明したとおりエージェントにとって $\mathbb{P}_{\mathcal{M}}$ と $\mathbb{R}_{\mathcal{M}}$ は未知であり，探査と知識利用が必要となる場合がある．以下に，ドメインやタスクが違うというのは，状況としてどのようなものか述べる．

異なるドメイン $S_{\mathcal{M}_s} \neq S_{\mathcal{M}_t}$ の例
　ソースドメインのエージェントは，2 次元マウンテンカー問題の知識を用いて 3 次元マウンテンカー問題を解決し，ターゲットドメインのエージェントは，3 次元マウンテンカー問題の知識を用いて 2 次元マウンテンカー問題を解決する．

異なるドメイン $A_{\mathcal{M}_s} \neq A_{\mathcal{M}_t}$ の例
　ソースドメインとターゲットドメインはどちらも 2 次元空間のマウンテンカー問題であるが，ターゲットドメインでは行動の 1 つ「何もしない」が禁止されている．

異なるタスク $\mathbb{P}_{\mathcal{M}_s} \neq \mathbb{P}_{\mathcal{M}_t}$ の例
　ソースドメインでは，車には強力なエンジンが，ターゲットドメインの車にはパワー不足のエンジンが搭載されている．したがって，ソースドメインとターゲットドメインで同じ行動の種類であったとしても，状態に与える影響が異なる．

異なるタスク $\mathbb{R}_{\mathcal{M}_s} \neq \mathbb{R}_{\mathcal{M}_t}$ の例
　ソースドメインでは，車がゴールに到達することのみを求める．しかし，ターゲットドメインでは，できるだけ早く車がゴールに到達するという付加的な条件もゴール条件に加える．

　上述の定義を少しまとめてみよう．転移学習の定義にならうと，ドメイン $\mathbb{D}$ とタスク $\mathbb{T}$ は，次のように表現することができる．

$$\mathbb{D}_{\mathcal{M}} = \{ S_{\mathcal{M}}, A_{\mathcal{M}} \} \tag{4.3}$$

$$\mathbb{T}_{\mathcal{M}} = \{ \mathbb{P}_{\mathcal{M}}, \mathbb{R}_{\mathcal{M}} \} \tag{4.4}$$

ソースとターゲットでそれぞれ $\mathbb{D}_{\mathcal{M}}$ と $\mathbb{T}_{\mathcal{M}}$ が存在するため，転移強化学習問題である条件は，

$$\mathbb{D}_{\mathcal{M}_s} \neq \mathbb{D}_{\mathcal{M}_t} \cup \mathbb{T}_{\mathcal{M}_s} \neq \mathbb{T}_{\mathcal{M}_t} \tag{4.5}$$

となる．いずれかのコンポーネントが異なれば転移学習問題と解釈できるため，比較的緩い条件かもしれない．

4.3　強化学習における転移学習の目的

　強化学習は環境とエージェントが相互作用することにより獲得報酬を最大化することを目的としていることはすでに述べた．転移学習でも同様に報酬の最大化が目的であるが，1.5 節にて説明したジャンプスタートや学習速度改善，漸近的改善のいずれかまたはすべてを含んだ状況で獲得報酬の最大化を行うことが目的となる．したがって，転移学習では，時間をかけて報酬をたくさん得られるように学習するのではなく，獲得報酬の最大化は大前提として，学習初期からパフォーマンスが高かったり，学習が高速になったり，よりよい解を発見したりすることが目的である．そのために，すでに説明しているとおり，方策や行動価値関数などを転移することで，ターゲットドメインでの性能向上を定量的に改善していくことが重要となる．これらのパフォーマンスは，転移の有無を条件として比較することで評価することができる．

　また，パフォーマンスの尺度として，次式の誤差関数で表現したような指標があり，とりうる誤差の上限を表している[10]．

$$\|Q^{\pi_t} - Q^{\pi^*}\| \leq \epsilon_{\text{approx}}(Q^{\pi_1}, Q^{\pi^*}) + \epsilon_{\text{est}}(N_t) + \epsilon_{\text{opt}} \tag{4.6}$$

ここで，ターゲットドメインで獲得された学習済みの方策を π_t，ターゲットドメインの最適な方策を π^* とする．式 (4.6) の左辺はそれらの方策の差（ノルム）を意味しており，この左辺を小さくしていくことが転移学習の目的であるとも考えることができる．右辺の $\epsilon_{\text{approx}}(Q^{\pi_1}, Q^{\pi^*})$ は方策の関数近似により発生する漸近誤差である．状態空間と行動空間が小さい問題では，エージェントは最適な価値関数を学習可能で，漸近誤差は発生しない．また，$\epsilon_{\text{est}}(N_t)$ は推定誤差とよばれ，有限の経験による価値関数からの推定値であり，N_t はその経験のサンプル数を表す．推定誤差は，ターゲットドメインでの経験が増えるにつれて減少する．ϵ_{opt} は最適化誤差とよばれ，関数近似における大域的最適にならなかった場合の誤差である．この最適化誤差は，深層強化学習においてよく発生する．

4.4　価値関数転移型の転移強化学習

4.4.1　価値関数転移

　次章の転移強化学習のシミュレーションでは，転移強化学習の中でも価値関数転移型とよばれる手法を採用している[13]．この転移学習は，事例ベースのアルゴリズムやモデルベースのアルゴリズムに分類されている[10]．第 2 章では Q 学習を説明し，そ

こで獲得できる知識は方策や行動価値関数であると説明したが，この方策や行動価値関数を転移する転移学習のことを**価値関数転移** (value-function transfer) とよぶ．価値関数転移は，転移元（ソースタスク）のエージェントが学習した知識で，転移先（ターゲットタスク）のエージェントの知識を初期化することで，知識の再利用を実現する．

知識の転移は，シンプルに表現すると次式のように定義される．

$$Q^t(s,a) \leftarrow Q^t(s,a) + Q^s(s,a) \tag{4.7}$$

ここで，$Q^s(s,a)$ はソースタスクから転移された知識（行動価値関数），$Q^t(s,a)$ はターゲットタスクにてエージェントが使用する知識であり，新たな環境で学習した行動価値もここに更新される．$Q^t(s,a)$ には初期値が書き込まれている場合があるため，式 (4.7) により，$Q^t(s,a)$ を初期化し直すことで知識を転移する．Q^s, Q^t を別の記号として表しているのは，ターゲットタスクの行動選択は $Q^t(s,a)$ を用いて行われることを前提として説明しているためで，他の文献では明示的に区別しない場合が多い．

あくまでもイメージであるが，式 (4.7) を図として表現すると，図 4-2 のようになる．図のように，ソースタスクで獲得した知識を，ターゲットタスクのエージェントがコピーして使用する．

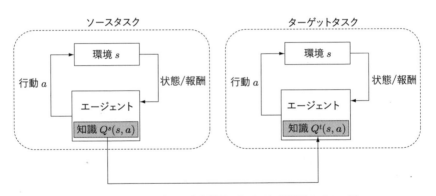

図 4-2　最もシンプルな強化学習における転移学習のイメージ

4.4.2　タスク間マッピング

次に，価値関数転移型の転移学習に用いられる，**タスク間マッピング** (Inter-Task Mapping: ITM) という手法を紹介する．タスク間マッピングとは，ソースタスクとターゲットタスクのそれぞれのエージェントの観測可能な環境状態 s と実行可能な行動 a の対応関係を定義する手法である．ソースタスクの状態と行動をそれぞれ S^s と

$\boldsymbol{A}^s$，ターゲットタスクの状態と行動をそれぞれ $\boldsymbol{S}^t$ と $\boldsymbol{A}^t$ とし，これらが

$$\boldsymbol{S}^s = \{s_1^s, s_2^s, \dots, s_i^s\}, \quad \boldsymbol{A}^s = \{a_1^s, a_2^s, \dots, a_j^s\}$$
$$\boldsymbol{S}^t = \{s_1^t, s_2^t, \dots, s_k^t\}, \quad \boldsymbol{A}^t = \{a_1^t, a_2^t, \dots, a_l^t\} \tag{4.8}$$

のように与えられているとすると，写像関係が次のように定義される．

$$\chi_s : \boldsymbol{S}^t \to \boldsymbol{S}^s$$
$$\chi_a : \boldsymbol{A}^t \to \boldsymbol{A}^s \tag{4.9}$$

χ は関数であるため，ソースタスクの $\boldsymbol{S}^s$ と $\boldsymbol{A}^s$ の元と，ターゲットタスクの $\boldsymbol{S}^t$ と $\boldsymbol{A}^t$ の元を写像で定義している．すなわち，ソースタスクとターゲットタスクのエージェントにおける状態や行動の違いとその対応関係を定義している．これにより，ソースタスクとターゲットタスクで方策を構成する $\boldsymbol{S}$ と $\boldsymbol{A}$ が異なっても，エージェント間での転移学習が効果的となる場合がある．

例として，ソースタスクとターゲットタスクの状態空間をそれぞれ $\boldsymbol{S}^s = \{s_1^s, s_2^s, s_3^s\}$，$\boldsymbol{S}^t = \{s_1^t, s_2^t, s_3^t, s_4^t\}$，ソースタスクとターゲットタスクの行動空間をそれぞれ $\boldsymbol{A}^s = \{a_1^s, a_2^s, a_3^s, a_4^s\}$，$\boldsymbol{A}^t = \{a_1^t, a_2^t, a_3^t\}$ としたとき，図 4-3 のような写像を定義できる．図からも読み取れるように，タスク間マッピングというのは必ずしも全射である必要はなく，単射である必要もない．このマッピングを多く設定することができ，なおかつ効果的に作用するのであれば，再利用できる知識が転移強化学習に有利であることは自明だろう．

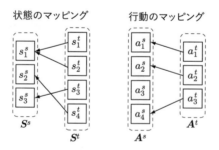

図 4-3　タスク間マッピングのイメージ

タスク間マッピングを用いて式 (4.7) を修正すると，次式のようになる[13, 16]．

$$Q^t(s, a) \leftarrow Q^t(s, a) + Q^s(\chi_s(s), \chi_a(a)) \tag{4.10}$$

式 (4.10) を組み込んだ転移強化学習の概念図を，図 4-4 に示す．問題は，いつタス

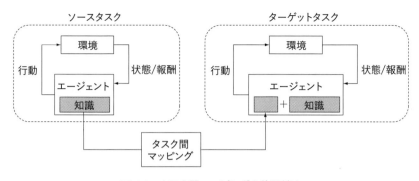

図 4-4　タスク間マッピングの位置付け

ク間マッピングを用いた式 (4.10) を実行するかであるが，最も単純なのは，ターゲットタスクの学習前の方策の初期化時に実行する方法だろう．すなわち，初期値 $Q^t(s, a)$ の書き込まれたターゲットタスクの Q テーブルに，タスク間マッピングを用いて行動や状態を読み替えた $Q^s(\chi_s(s), \chi_a(a))$ を加算し，ターゲットタスクの意思決定では上書きされた $Q^t(s, a)$ を使用する．また，ターゲットタスクにおいていつでも再利用知識の削除を行えるように，ターゲットタスクの方策の初期化時ではなく，行動選択ごとに式 (4.10) を使用する方法もある．この方法は，価値関数転移に対して，Q 値再利用 (Q-value reuse) とよばれている[13]．

4.5　知識再利用度合いの調整

前節で述べた価値関数転移型の転移学習においては，次式のとおりソースタスクの行動価値を再利用する（ここではタスク間マッピングは無視する）．

$$Q^t(s, a) \leftarrow Q^t(s, a) + Q^s(s, a) \qquad (4.7) \text{ 再掲}$$

式 (4.7) の場合，ソースタスクから転移される $Q^s(s, a)$ の行動価値がダイレクトにターゲットタスクに反映される．この方法を，本書では**複写型**とよぶ．このとき，有益でない知識の場合はターゲットタスクで負の転移となる．しかし，まったく使えない知識であると考えにくい場合もある．そこで，せっかく行動価値関数の定量的な記述になっているのだから，割り引いて使用することでよい効果が得られるのではないかという着想で，再利用方策の割引率ともいえるパラメータが提案されている．

4.5.1 転移効率

行動価値関数の再利用度合いを調整するパラメータ**転移効率**(transfer efficiency) ζ は，式 (4.7) に対して次式のように定義する[*3][27]．

$$Q^t(s,a) \leftarrow (1-\zeta)Q^t(s,a) + \zeta Q^s(s,a) \tag{4.11}$$

なお，状態価値関数の再利用度合いを調整する転移効率 η も，式 (4.11) と同様に次式で定義されている．

$$V^t(s) \leftarrow (1-\eta)V^t(s) + \eta V^s(s) \tag{4.12}$$

ここで，ζ, η は $0 < \zeta < 1, 0 < \eta < 1$ の範囲で設定される．転移効率を用いた手法は，複写型と異なり，任意のタイミングで再利用度合い調整を実行するため，本書では**参照型**とよぶ．参照型のように，行動価値関数や状態価値関数を割り引いて再利用する方法では，ζ, η の値を大きくするほど再利用する行動価値を信用し，ターゲットタスクにて新たに獲得する行動価値を信用しない．逆に ζ を小さくするほど再利用する方策を信用せず，ターゲットタスクで獲得する知識を信用する．厳密には，$Q(s,a)$ に行動価値が入っているため，ζ は行動価値を割り引く機能しかない．直感的にわかりやすい効果としては，転移効率により再利用する方策の行動価値を強制的に割り引くことでエージェントの探査行動を促し，環境の違いによるデッドロックなどが回避可能となることがあげられる．

4.5.2 転移率

転移効率と同様の役割を持つパラメータとして，**転移率** (transfer rate) が提案されている．転移率は転移効率をさらにシンプルにしたもので，式 (4.7) に対して次式のように定義する．これも転移効率を用いた手法と同様に参照型である．

$$Q^c(s,a) = Q^t(s,a) + \tau Q^s(s,a) \tag{4.13}$$

上式の τ が転移率であり，$0 < \tau \leq 1$ の範囲で値を調整する．式 (4.11), (4.12) の ζ や η と同様に，行動価値を割り引く機能しかない．転移効率との違いは，現在学習に使用している方策 $Q^t(s,a)$ はターゲットタスクで新たに学習している方策のため，行動価値を割り引くことなく信用し，再利用方策 $Q^s(s,a)$ のみ定数にすることにより，

[*3] 文献 [29] の記述を本書の記述と整合性がとれるようにアレンジしている．文献 [29] では式 (4.11), (4.12) は加重平均で表されている[29]．

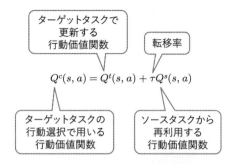

図 4-5 式 (4.13) における各行動価値関数の役割

行動価値を割り引くという点である. 再利用する各行動価値関数を式 (4.13) とともに説明すると図 4-5 となる.

転移学習のシミュレーション

　本章では，第3章の強化学習シミュレーションをベースに転移学習シミュレーションを行っていく．ここで扱うのも，グリッドワールドを用いた最短経路問題である．ただし，迷路の形やエージェントの機能を第3章と同一とするとただの機械学習問題となるため，本章ではグリッドワールドを3次元構造にする．これにより，ソースタスクとターゲットタスクでの状態の違いを実現する．転移強化学習のメリットは，あらかじめ類似する環境において経路を学習した状態で新たな迷路を解く点である．

　また，強化学習にQ学習を採用していることもあり，本章の転移学習は価値関数転移型となる．すなわち，Qテーブルをターゲットタスクのエージェントに転移する．なお，最も基本的な転移強化学習では，ソースタスクで獲得した知識をターゲットタスクのエージェントの初期値（初期知識）として使用する（複写型）[17]．しかし，本章の実装では，ターゲットタスクのエージェントが適宜ソースタスクの知識を参照する形式（参照型）で実装している．

5.1　準備

5.1.1　環境セットアップなど

　転移強化学習シミュレーションでは，PythonやPyCharmなどの環境は第3章と同じであるため，新たにセットアップする必要はない．しかし，強化学習プログラムを手動で書き換えていくとバグに繋がるので，まずは転移学習プログラムを再度ダウンロードし，新たなPyCharmのプロジェクトで実行するとよいだろう．

5.1.2　プログラムの準備

　新たなPyCharmのプロジェクトが用意できたら，以下のURLからプログラムのソースコードをダウンロードしよう．本章ではPyCharmのプロジェクトのパスがC:\\Users\hogehoge\PycharmProjects\trlSim_v1r0 となるように作成した．第3

章と同様に，PyCharm の新規プロジェクトに main.py を作成し，そこに以下の URL からダウンロードしたファイルのうち，今度は TL フォルダのソースコードをペーストすると準備完了である．

http://www.morikita.co.jp/books/mid/085661

　なお，新たなプロジェクトを PyCharm で作成したとき，matplotlib や pygame などのライブラリはそのプロジェクトに対してはインストールされていないため，このあたりで，ライブラリの再インストール（付録 A.4 参照）を終えておくとよいだろう．各ライブラリのバージョンは，第 3 章と同様である．

　次に，強化学習のシミュレーションでは作成しなかった新たなフォルダを作成する．パス C:\\Users\hogehoge\PycharmProjects\trlSim_v1r0 には，".idea" と "venv" が自動的に作成されている．第 3 章では source というフォルダを作成したが，それも含め，今回は以下の 3 つのフォルダを作成しよう．

- source
- policies
- target

　これらのフォルダは，シミュレーション結果を保存したり，転移学習時に再利用する知識データが入ったファイルを保存したりするためのものである．どれも重要なフォルダなので，削除してはいけない．フォルダの中身は空のままでかまわない．

5.1.3　問題設定

　本章では，第 3 章で行ったシミュレーションをソースタスクとし，学習した結果を用いた転移学習シミュレーションをターゲットタスクとして実行する．

　できるだけイメージしやすく効果も得られやすいシミュレーションにするために，ソースタスクと同様に，ターゲットタスクにも最短経路問題を採用する．これは転移強化学習としてはかなり簡単な問題に分類される．ソースタスクとターゲットタスクの違いとして次元数を変更し，さらにはエージェントが実行可能な行動の方向も変更する．つまり，2 次元グリッドワールドで学習した最短経路問題の知識を，3 次元グリッドワールドの最短経路問題で再利用する．ターゲットタスクで用いる 3 次元グリッドワールドを図 5-1 に示す．2 次元のグリッドワールドで獲得した知識を再利用するということは，ターゲットタスクのエージェントは 1〜3 階の各フロアを移動するための知識を持っていないということである．すなわち，ソースタスクとターゲットタスク

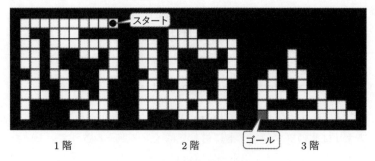

図 5-1　ターゲットタスクの3次元グリッドワールド

で障害物配置が異なるところの迂回や，階層の移動について再学習が必要になる．

　グリッドワールドのスタート位置は1階の右上部分にあるため，ソースタスクと大きな違いはない．ゴール位置は3階の左下部分であり，スタートからゴールまでの移動は各階の移動が必ず必要となる．

　今回のシミュレーションでは，ソースタスクに対してターゲットタスクでのエージェントの移動可能な方向が増える．ソースタスクのエージェントは第3章のエージェントと同様だが，ターゲットタスクのエージェントは，階を移動するために前後左右に加えて上下の移動が可能になっている（図 5-2）．エージェントが観測可能な環境状態は，ソースタスクでは自己位置 (x, y) であったのに対し，ターゲットタスクでは3次元座標上での自己位置 (x, y, z) で表される．

　ソースタスクのエージェントで獲得した行動価値関数をターゲットタスクのエージェントで再利用する場合，行動価値関数への入力（自己位置座標）や出力（行動の種類）が一致していないため，具体的にどうやって知識を再利用するのか疑問に思うかもしれない．ここが転移強化学習を実現する最大のポイントであり，タスク間マッピング（4.3節参照）を利用する．ここでは，ソースタスクのエージェントとターゲットタス

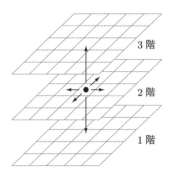

図 5-2　ターゲットタスクにおけるエージェントの移動方向

クのエージェントの間の行動や観測可能な環境状態の対応関係を，事前に定義してプログラムに組み込んであると思えばよい．

5.1.4 作業の順序

本章では，転移学習のパフォーマンス確認用に，知識の再利用を行わない通常の強化学習も実行する．以下に，シミュレーションの実行手順を記しておく

1. ソースタスクとして，2次元グリッドワールドの強化学習を実行（第3章で実行済み）
2. ターゲットタスクとして，3次元グリッドワールドの環境で転移学習を実行
3. ターゲットタスクの環境をそのままに，3次元グリッドワールドで知識の再利用を行わない強化学習を実行

3番目のシミュレーションは，ターゲットタスクで知識の再利用を行ったことで，その環境を1から学習するのと比較して，どれくらい知識再利用の効果があったか評価するために行う．紛らわしいかもしれないが，1番目はソースタスクの環境（2次元グリッドワールド）における強化学習で，3番目はターゲットタスクの環境（3次元グリッドワールド）における強化学習である．

5.2 転移学習プログラムの実行

それでは，本書のメインである転移学習を行ってみよう．転移学習シミュレーションのプログラムは，第3章の強化学習シミュレーションがベースとなって開発されている．そのため，強化学習を知っているから飛ばしてきたという人も，第3章のシミュレーションをひととおり実行してほしい．

5.2.1 学習モードの切り替え

ここからは，第3章の強化学習シミュレーションにはなかった機能を説明する．本章で実行するプログラムは，強化学習も行えるようになっており，Qテーブルの再利用による転移学習とのどちらを行うかをMODEという変数で選択できるようになっている．

コード5.1を見てほしい．25, 26行目は学習モードの定義であり，28行目にあるMODEという変数にRLかTLを代入するようになっている．コード5.1では例として

TL が代入され，転移学習が選択されている．強化学習を実行したい場合は，TL と代入しているところを RL に変更すればよい．

コード 5.1 強化学習と転移学習の選択

```
24  # 学習モード
25  RL = 1 # 強化学習（ソースタスク）
26  TL = 2 # 転移学習（ターゲットタスク）
27
28  MODE = TL
```

プログラム中では，if 文の条件に MODE を使用することで，実行する強化学習の機能と転移学習の機能を切り分けている．後述するが，転移学習を実行するためにはいくつか手順を踏まないといけないので，いまの状態では転移学習は実行できない．

5.2.2 ターゲットタスクの準備

ソースタスクである第 3 章の強化学習シミュレーションが終了していたら，PycharmProjects\rlSim_v1r0\source に qtable_YYYYMMDD_hhmmss.npz が生成されているはずである．その Q テーブルのファイルを，プロジェクトフォルダの PycharmProjects\trlSim_v1r0\policies にコピーしよう．無事コピーできたら，ファイル名の年月日のところを削除して qtable.npz に変更しよう．ファイル名の変更が完了したら，Q テーブルの転移の準備は完了である．

5.2.3 ターゲットタスクの実行

では，実際に転移学習を実行していこう．ターゲットタスクのシミュレーションの実行ボタンを押す前に，MODE が TL に設定されていることを確認しよう．

プログラムの 59 行目からの環境における障害物配置はコード 5.2 のように設定してある．これは図 5-1 のグリッドワールドを実現するコードで，numpy の 3 次元配列により 3 階建ての迷路を定義している．コード 5.2 のコメントアウトの x 階と書かれているところを区切りにして，各階の障害物配置を定義している．障害物配置の定義の仕方は第 3 章の強化学習シミュレーションと一緒である．単純に 2 次元グリッドワールドを 3 つ用意し，それらが重なるように 3 階建てを実現している．スタート地点とゴール地点は別の階にあり，障害物配置もソースタスクのときとは少々変更している．障害物配置の設定を間違えると，ゴールまでの経路が断たれる可能性があるので注意しよう．

コード 5.2 転移学習の環境設定（ターゲットタスク）

```
59  # numpy.arrayを用いたグリッドワールドの設定
60  START = [10, 1, 0] # (x, y, z)
61  GOALP = [1, 10, 2]
62  GRID = numpy.array([[[1, 1, 1, 1, 1, 1, 1, 1, 1, 1, 1, 1],# 1階（インデックスは0）
63                       [1, 0, 0, 0, 0, 0, 0, 0, 0, 0, 0, 1],
64                       [1, 0, 1, 1, 0, 0, 0, 1, 1, 1, 0, 1],
65                       [1, 0, 0, 1, 0, 0, 1, 0, 0, 0, 0, 1],
66                       [1, 0, 0, 1, 0, 1, 1, 0, 0, 1, 0, 1],
67                       [1, 0, 0, 1, 0, 1, 1, 1, 1, 1, 0, 1],
68                       [1, 1, 0, 1, 0, 1, 1, 1, 1, 0, 0, 1],
69                       [1, 0, 0, 1, 1, 0, 1, 1, 1, 0, 0, 1],
70                       [1, 0, 0, 0, 1, 0, 0, 0, 1, 0, 1, 1],
71                       [1, 0, 1, 1, 1, 1, 1, 1, 0, 0, 0, 1],
72                       [1, 0, 1, 1, 1, 1, 0, 0, 0, 0, 0, 1],
73                       [1, 1, 1, 1, 1, 1, 1, 1, 1, 1, 1, 1]],
74                      [[1, 1, 1, 1, 1, 1, 1, 1, 1, 1, 1, 1], # 2階（インデックスは1）
75                       [1, 1, 1, 1, 1, 1, 1, 1, 1, 1, 1, 1],
76                       [1, 1, 1, 1, 0, 0, 0, 1, 1, 1, 1, 1],
77                       [1, 0, 0, 1, 0, 1, 1, 0, 0, 0, 0, 1],
78                       [1, 0, 0, 1, 0, 1, 1, 0, 0, 1, 0, 1],
79                       [1, 0, 0, 1, 0, 1, 1, 0, 0, 1, 0, 1],
80                       [1, 1, 0, 1, 0, 1, 1, 1, 1, 0, 0, 1],
81                       [1, 0, 0, 1, 1, 0, 1, 1, 1, 0, 0, 1],
82                       [1, 0, 0, 0, 1, 0, 0, 0, 1, 0, 1, 1],
83                       [1, 0, 0, 0, 1, 0, 1, 0, 0, 0, 1, 1],
84                       [1, 0, 1, 1, 1, 0, 0, 0, 0, 0, 0, 1],
85                       [1, 1, 1, 1, 1, 1, 1, 1, 1, 1, 1, 1]],
86                      [[1, 1, 1, 1, 1, 1, 1, 1, 1, 1, 1, 1], # 3階（インデックスは2）
87                       [1, 1, 1, 1, 1, 1, 1, 1, 1, 1, 1, 1],
88                       [1, 1, 1, 1, 1, 1, 1, 1, 1, 1, 1, 1],
89                       [1, 1, 1, 1, 1, 1, 1, 1, 1, 1, 1, 1],
90                       [1, 1, 1, 1, 0, 1, 1, 1, 1, 1, 1, 1],
91                       [1, 1, 1, 1, 0, 1, 1, 1, 1, 1, 1, 1],
92                       [1, 1, 0, 1, 0, 0, 1, 1, 1, 1, 1, 1],
93                       [1, 0, 0, 1, 1, 0, 1, 1, 1, 1, 1, 1],
94                       [1, 0, 0, 0, 1, 0, 0, 0, 1, 1, 1, 1],
95                       [1, 0, 1, 1, 1, 0, 1, 0, 0, 0, 1, 1],
96                       [1, 0, 0, 0, 0, 0, 0, 0, 0, 0, 0, 1],
97                       [1, 1, 1, 1, 1, 1, 1, 1, 1, 1, 1, 1]]])
```

　転移学習のシミュレーション環境は 3 次元グリッドワールドなので，コード 5.2 ではスタート位置とゴール位置が 3 次元で指定されている．後にスタート位置やゴール位置を変更したい場合は，x, y, z の順で指定する必要がある．

　ソースコードを変更した場合は，"Ctrl + s" などで念のため上書き保存を行っておこう．ここまで設定できたのであれば，プログラムの実行は，第 3 章と同様に PyCharm の [Run] タブから [run 'main'] を選択すればよい．すると，グリッドワールドと中身のないグラフ画面が表示され，学習スタートのキー入力を待っている状態となる．なお，グリッドワールドは図 5-3 のようにグリッドに色がついた状態で表示される．青色のグリッドは再利用する Q テーブルの行動価値があることを意味し，価値の大きさで色の濃さが決定される．青色のグリッドの場所は，ソースタスクで獲得した Q テーブルにより変動する．また，ターゲットタスクのグリッドワールドではソースタスクの最短経路が重なって表示される．また，各階で行動価値の色が青く表示されているとおり，今回は転移する行動価値が各階で利用可能な設定とした．

図 5-3　ターゲットタスクのグリッドワールド初期画面（Q テーブル再利用あり）（→口絵参照）

　ここまで準備が整ったらグリッドワールドの画面をクリックし，キーボードの "s" キーを押して転移学習シミュレーションをスタートさせよう．転移学習が無事完了したらもう一度グリッドワールドの画面をクリックし，"Esc" キーでプログラムを終了する．プログラムが無事終了したら，trlSim_v1r0\target に学習曲線の画像，CSV ファイル，Q テーブルの 3 つの npz ファイルがソースタスクと同様に出力されるので確認しよう．

　なお，第 3 章の強化学習シミュレーションと同様に，スタートしたあとにキーボードの "s" キーをもう一度押すとシミュレーションが停止する．また，"t" キーでグリッドワールドの表示・非表示を切り替えられる．しかし，プログラム中の 31 行目にある T_STEP を 0.0 として最速モードで動作させると，キー入力がなかなかプログラムの動作に割り込めないことがある．こちらも第 3 章と同様であるが，エージェントの動作を目で追って，スタートとストップ，グリッドワールドの表示・非表示を行いたい場合は，T_STEP を 0.01 くらいに設定するとよいだろう．

5.2.4　ターゲットタスクの学習結果

　ターゲットタスクの学習結果として獲得した経路を図 5-4 に示す．考察は次節に譲るが，ターゲットタスクにて獲得した経路はソースタスクで獲得した経路を活用してゴールまでの経路を新たに獲得しており，再学習した経路は赤色で表示されている．また，転移した Q テーブルの青色の行動価値が一部残って表示されている．ターゲットタスクでも探査行動は起こるので，ところどころ薄い赤色のグリッドも描画されている．必ずこのような経路になるわけではないが，今回の学習では，エージェントは 1 階で左方向に，2 階に上がって上から下の方向に，その後 3 階に上がってからゴールまでの 1 本道を移動している．

　図 5-5 に，ターゲットタスクの学習曲線を示す．200 エピソードの手前でステップ数も獲得報酬も収束が発現し，方策を再利用した強化学習，すなわち転移学習が無事

図 5-4 ターゲットタスクにおける学習結果（経路）（→口絵参照）

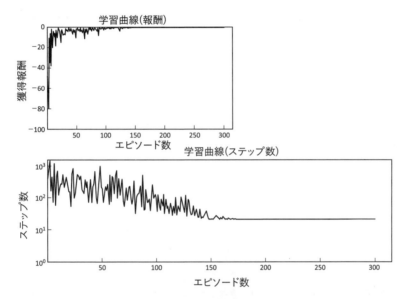

図 5-5 ターゲットタスクにおける学習結果（学習曲線）

実行できた．しかしこれだけの結果では，学習曲線の収束は確認できるが転移学習の効果の良し悪しを判断できない．たとえば，ソースタスクの学習曲線である図3-6とは単純な比較ができない．なぜならば，環境の形が2次元と3次元で異なり，それによりタスクの難易度も変わっているからである．そこで次に，ターゲットタスクの環境で，転移学習しない，言い換えるとただの強化学習を実行してみよう．これにより，2次元グリッドワールドの知識を再利用した効果を比較検討できるようになる．

5.2.5　ターゲットタスクの環境における強化学習（効果比較用）と実行結果

　先の実験結果と比較をするために，本項では転移なしの強化学習を行う．シミュレーションの学習モードを，コード 5.3 のように RL に変更しよう．

コード 5.3　学習モードの選択（ターゲットタスクで強化学習）

```
28 │ MODE = RL
```

　ターゲットタスクにおける強化学習では Q テーブルの再利用を行わないため，Q テーブルのファイルのコピーや環境の障害物設定を変更する必要はない．学習モードの変更が完了したら，これまでと同様に PyCharm の [Run] タブから [run 'main'] を選択してプログラムを実行し，"s" キーにてシミュレーションを実行しよう．表示されるグリッドワールドは Q テーブルを転移していないため，図 5-1 のように経路は白いままで表示される．

　学習が終了したら "Esc" キーを押してシミュレーションを終了し，学習曲線の画像，CSV ファイル，Q テーブルの 3 つが `trlSim_v1r0\source` に保存されていることを確認しよう．学習経路は図 5-6，学習曲線は図 5-7 となった．無事最短経路への収束が学習できており，これで強化学習のシミュレーション自体は終了となる．以降で，転移学習の評価方法を紹介し，転移の効果が得られているかどうかを確認しよう．

図 5-6　3 次元グリッドワールドでの強化学習の学習結果（経路）（→口絵参照）

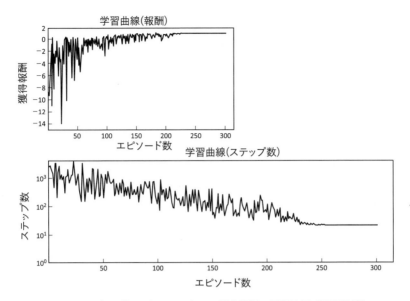

図 5-7　3 次元グリッドワールドでの強化学習の学習結果（学習曲線）

5.2.6　転移学習の評価

定性的な評価

　ここでは，転移学習のシミュレーションで得た各結果を解説していく．まず，今回得られた結果に転移の効果が出ているか確認しよう．3 次元グリッドワールドでの転移学習のシミュレーションを 10 トライアル行い，同様に 3 次元グリッドワールドでの強化学習も 10 トライアル行って，各学習曲線の平均グラフを比較したものを図 5-8 のように作成した．また，10 トライアル平均の報酬の学習曲線を図 5-9 に示す．どちらも学習曲線で紛らわしいので，ここではステップ数の学習曲線をステップ数曲線，報酬の学習曲線を報酬曲線とよぶことにしよう．

　図 5-8 では，転移なしは知識の再利用がないため，確実に収束する 400 エピソードまで学習を行った結果を描画し，転移ありは収束が早いので 300 エピソード実行した結果を描画している．図 5-8 のステップ数曲線における 2 つの収束傾向を見ても，転移学習のほうが収束が早いことがわかる．これにより，学習速度改善が発現していることが読み取れる．さらに，ステップ数曲線における初期エピソード付近を見てほしい．転移なしの曲線は約 1000〜1500 ステップの間で推移しているが，転移ありは約 300〜500 ステップの間で推移している．これにより，ジャンプスタートも発現していることがわかる．

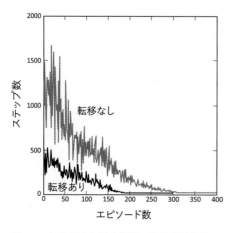

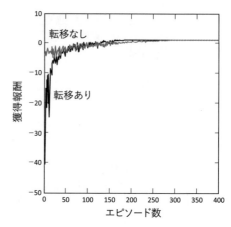

図 5-8 転移学習と強化学習の学習曲線比較　　図 5-9 転移学習と強化学習の学習曲線比較
　　　（ステップ数推移，10 トライアル平均）　　　　　（獲得報酬推移，10 トライアル平均）

　図 5-9 の報酬曲線では，転移なしと比較して，転移ありの報酬値のほうが小さい値からスタートしており，ジャンプスタートが発現していないように読み取れる．これは，転移学習において行動価値の改善を促進するために，障害物への衝突に対して比較的大きな負の報酬を設定しているのが原因である．転移なしでは，障害物への衝突における負の報酬は小さめに設定しており，小さくても −5.0 程度の報酬値となっている．ただし，獲得報酬の収束（正の報酬 1 への収束）は転移ありのほうが早い．ステップ数曲線と同様に，学習速度改善が現れていることがわかる．

　ステップ数曲線と報酬曲線における転移ありと転移なしの比較を通じて，ジャンプスタートと学習速度改善が確認できたため，転移によって学習によい効果が現れていると評価することができる．このような転移を**正の転移** (positive transfer) とよぶ．

定量的な評価

　では，次にもう少し踏み込んで定量的な評価をしてみよう．まず，ジャンプスタートを定量的に見てみよう．転移ありと転移なしのジャンプスタートを比較する場合，学習の初期パフォーマンスを比較するといっても，両条件の 1 エピソード目を比較すると正確な値は計算されにくい．なぜならば，学習曲線の波形の振動が表しているとおり，学習過程では確率的に挙動が支配されてパフォーマンスが変動し，1 エピソード目でステップ数が少なくても，2 エピソード目で多くなることがあるためである．そのため，転移学習の学習曲線におけるジャンプスタートを評価する場合，1 エピソード目から n エピソード目までの平均値を計算するとよい．エピソード数を e，転移なしの学習曲線を $L_r(e)$，転移ありの学習曲線を $L_t(e)$ としたとき，ジャンプスタート

E_J は次のように定義できる.

$$E_J = \frac{1}{n}\left\{\sum_{e=1}^{n} L_t(e) - \sum_{e=1}^{n} L_r(e)\right\} \tag{5.1}$$

今回の例で $n=10$ としたときの結果を見てみよう. それぞれの計算結果を表 5-1 に示す. 数値の計算は 1 トライアル目のログデータを使用した.

表5-1　ジャンプスタートの効果

条件	転移あり	転移なし	E_J
ステップ数の合計（1〜10 エピソード）	2999	9956	−695.7
獲得報酬の合計（1〜10 エピソード）	−197.5	−27.32	−17.02

表から，ステップ数曲線におけるジャンプスタートは 695.7 ステップの改善が見られているため，転移の効果が認められる. 一方，報酬は −17.02 と減少している. すでに説明したとおり，報酬は大きい値のほうがよいため，転移なしより転移ありのほうがエピソード初期に得られる報酬が少ない結果となった.

次に，学習速度改善を評価してみよう. これは，学習曲線が収束したときのエピソードの番号を比較すればよい. たとえば，転移ありの学習曲線における収束したエピソード番号を e_t，転移なしの学習曲線における収束したエピソード番号を e_r とすると，収束するエピソード番号の差 E_s は，単純に次式のようになる.

$$E_s = e_t - e_r \tag{5.2}$$

シミュレーションから出力される学習曲線のログデータからそれぞれ収束したエピソード番号を読み取り，表 5-2 のような結果が得られた.

表5-2　学習速度改善の効果

条件	転移あり	転移なし	E_s
ステップ数の収束エピソード	167	353	−186
獲得報酬の収束エピソード	145	354	−209

表のとおり，ステップ数曲線で比較すると，転移ありのほうが 186 エピソード早く収束し，学習速度改善が発現していることがわかる. また，報酬曲線では転移なしと比較して転移ありが 209 エピソード早く収束しており，明らかに収束が高速であることがわかる.

シミュレーション結果における学習曲線のログデータは，`trlSim_v1r0` の `target` や `source` にそれぞれ保存されている. `steps_YYYYMMDD_hhmmss.csv` は Excel などの表計算ソフトで見ることができるので，興味があれば自分のシミュレーション結果

を評価してみよう．CSV ファイルを表計算ソフトで開くと，A 列がエピソード番号，B 列が A 列の各エピソード番号に対応するステップ数，C 列はエピソード番号に対応する獲得報酬の推移を表すデータが保存されている．

なお，今回の結果では最短経路のステップ数に下限がある．そのため，知識の再利用による新たな最短経路の発見はなく，漸近的改善は発現していない．より複雑なタスクや，動的な環境ではこの限りでない．また，十分に学習できていない，すなわち今回の場合は最短経路を獲得できていない学習曲線を比較に用いてしまうと漸近的改善が発現することもあるが，その場合，まずは最短経路を学習できるようにパラメータをチューニングするべきである．本書では用いないが，漸近的改善 E_A は次式で定義される．

$$E_A = \frac{1}{n}\left\{ \sum_{e=e_f-n+1}^{e_f} L_t(e) - \sum_{e=e_f-n+1}^{e_f} L_r(e) \right\} \tag{5.3}$$

ここで，e_f は最終エピソードの番号である．また，もっとシンプルに

$$E_A = L_t(e_f) - L_r(e_f) \tag{5.4}$$

とすることもできるだろう．式 (5.3) では収束値の計算に n エピソード分のステップ数を利用しており，式 (5.4) では，最終エピソードのステップ数のみを利用している．明らかな収束値が得られている場合は式 (5.4) でよいが，学習曲線の振動が収まらない場合は最後のエピソードだけたまたまステップ数が小さいということも十分考えられるので，平均をとった式 (5.3) を用いたほうがよいだろう．

Transfer ratio

ジャンプスタートや学習速度改善，漸近的改善の他にも，転移強化学習の効果を評価する **transfer ratio** という指標が提案されている[13]．直訳すると転移率であるが，4.5.2 項で述べた転移率 (transfer rate) と区別するために，本書では transfer ratio と記述する．

Transfer ratio は，各学習曲線どうしで囲まれた部分の面積を比較し，転移なしの学習曲線を基準として，どれくらいパフォーマンスの向上（改善）が見られるかを計算する評価指標である．転移なしと転移ありの学習曲線をそれぞれ $L_r(e)$ と $L_t(e)$ で表したとき，transfer ratio r は次式のように定義される．

$$r = \frac{\sum_e L_t(e) - \sum_e L_r(e)}{\sum_e L_r(e)} \tag{5.5}$$

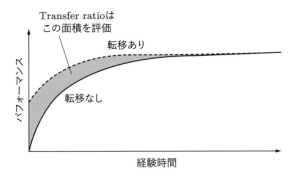

図 5-10 Transfer ratio のイメージ

この r の大小により，転移学習の効果が評価できる．transfer ratio は，図 5-10 のように，強化学習で得られる学習曲線と，転移強化学習で得られる学習曲線で囲まれた部分の面積を算出しており，ステップ数曲線の場合，正の転移が発現しているという前提であれば，ステップ数の総和はもちろん転移なしのほうが大きいため，式 (5.5) の r を計算すれば負の値が算出される．もちろん，負の転移が発現しているという前提であれば，r は正の値となる．報酬曲線においては，値の大小関係や符号関係により算出される r の符号が変わってくるため注意しよう．これについては正の転移か負の転移か判断したうえで transfer ratio を計算し，変化量として見ればよい．今回のシミュレーションのように，ステップ数曲線では明らかな正の転移が出ているにもかかわらず，報酬曲線で学習初期の報酬の大きさだけを比較すると，負の転移が発現しているように見えるケースがあるので注意しよう．とくに，転移学習の効果を報酬曲線の transfer ratio のみで評価した場合は尚更である．興味があれば，適当な値を代入して計算してみるとよいだろう．

　今回の結果のステップ数曲線を用いて transfer ratio を比較してみよう．転移ありと転移なしのステップ数曲線の総和の値と transfer ratio を表 5-3 に示す．エピソード数を揃えるために，転移ありと転移なしともに 300 エピソード分で算出している．transfer ratio は負の値が算出されているため正の転移が発現していることがわかり，約 77% の改善が見られる．Transfer ratio については文献 [13] が詳しいので，そちらも参照されたい．

表 5-3 ステップ数の総和と transfer ratio

条件	転移あり	転移なし	r
ステップ数の総和	33673	148076	-0.768

5.3 コード解説

本章の転移学習シミュレーションのプログラムは，基本的に第3章で使用した強化学習シミュレーションのプログラムがベースとなっており，転移学習独自の機能が必要なところだけ，その機能を追記している．そのため，本節ではプログラム全体の説明は割愛し，転移学習を実現するにあたって強化学習シミュレーションに追加実装された機能に関して説明を行う．主にプログラム中の118行目から記されている class Learning() が強化学習と転移学習の機能の切り替えを行っているため，このクラスを重点的に説明していく．

5.3.1 学習モード

すでに述べたとおり，コード5.4のように RL と TL で学習モードを変更可能である．

コード5.4 学習モードの選択（転移学習）

```
38 | LEARNING_MODE = TL
```

これにより，シミュレーションによって実行する機能を切り分けている．プログラム中では，コード5.5のように，if 文で動作を切り替えている．

コード5.5 学習モードによる機能の切り替え

```
if MODE == RL:
        :
    強化学習で実行するコード
        :
elif MODE == TL:
        :
    転移学習で実行するコード
        :
else:
    エラー処理
```

強化学習と転移学習で異なるパラメータを使用するためのプログラムは，次項で述べる配列により実現している．

5.3.2 シミュレーションの初期化

転移学習シミュレーションにおいても，強化学習シミュレーションと同様に学習パラメータを初期化する．コード 5.6 に今回のパラメータ設定を示す，変数名は強化学習のときと同様なので説明を割愛する．値の代入には，第 3 章と同じくリストへの append を用いており，リストにおける強化学習パラメータの次の配列番号（インデックス）に代入される．たとえば，`L_RATE[0]` を参照すれば強化学習の学習率が返ってきて，`L_RATE[1]` を参照すれば転移学習の学習率が返ってくる．57 行目の `T_RATE` は転移学習で新たに登場しているパラメータであるが，これについては後ほど解説する．

コード 5.6　転移学習のためのパラメータ

```
50  # 転移学習のパラメータ設定
51  L_RATE.append(0.1)
52  D_RATE.append(0.99)
53  FINISH.append(300)
54  BOLTZMANN.append(0.05)
55  P_REWARD.append(1.0)
56  N_REWARD.append(-0.5)
57  T_RATE = 0.5
```

なお，コード 5.6 では `N_REWARD`（負の報酬）の絶対値を小さく (−0.5) 設定している．これは，十分に高い行動価値が入っている知識を再利用する場合，少しでも障害物配置が変化すると常に壁にぶつかり続ける状態のデッドロックとなる可能性があり，このとき負の報酬が大きく設定されていると，負の転移，強化学習でいう過学習状態となるためである．

5.3.3　再利用知識の読み込み

再利用知識をどのフォルダに配置し，どのようなファイル名に変更すれば転移学習が実行できるかは 5.3.2 項で説明した．ここでは，そのプログラムがどのように記述されているかを説明する．このプログラムは，今後読み込むファイル名を変更したり，複数知識の同時読み込みなどを行ったりする場合に必要になる機能である．再利用知識の読み込み機能をコード 5.7 に示す．

コード 5.7　再利用方策の読み込み

```
126  # Qテーブルの宣言と再利用処理
127  if Vars.MODE == Vars.RL: # 強化学習が選択されたとき
128      self.REUSEQ = 0
129  elif Vars.MODE == Vars.TL: # 転移学習が選択されたとき
```

```
130    self.loadingQtable = numpy.load("./policies/qtable.npz")
131    self.REUSEQ = self.loadingQtable['savedQtable']
132
133 # Qテーブルのためのメモリ空間確保
134 self.Q = numpy.zeros((Vars.GRID.shape[2], Vars.GRID.shape[1], Vars.
        GRID.shape[0], 7))
```

前述のとおり，if 文で RL と TL で実行するプログラムを分けており，実装の都合
上，強化学習 (RL) では，再利用する知識に値に 0 を代入している．とりあえず宣言し
てはいるが，MODE が RL では呼び出されることはないし，もしバグにより呼び出され
たとしても値が 0 であるため，後々の計算に影響がないようにしている．一方，転移
学習 (TL) では，130 行目でロードする知識のパスとファイル名を定義し，numpy の機
能を利用して npz ファイルの中身を多次元リストとして loadingQtable に格納して
いる．131 行目は，npz ファイルに複数のリストが格納されているときに読み込むリ
ストを指定する機能である．今回は savedQtable というラベルの配列を呼び出してい
るが，今回読み込む npz ファイルには，どのみち配列は 1 つしか存在していない．1
つの npz ファイルに複数の配列を使用したり，呼び出す方策によりファイル名を変更
したりするなどの拡張機能が必要な場合は，自ら改造してみてほしい．

134 行目では，強化学習と転移学習共通で利用する Q テーブルを宣言しているが，2
次元グリッドワールドのシミュレーションと異なり，3 次元座標で記録できる Q テー
ブルとなっている．

5.3.4 行動選択

次に，知識を再利用しながら行動選択するメカニズムについて説明する．関数自体
は強化学習で使用した式 (2.46) のボルツマン選択と一緒であるが，知識を再利用して
行動価値を加算する処理が追加されている．コード 5.8 を見てほしい．プログラム中
の関数部分の抜粋であるが，264 行目から MODE による機能切り分けを配置している．
MODE が RL のときは強化学習のプログラムと同じ文が実行され，MODE が TL のときは
ターゲットタスクで学習（更新）される Q テーブルと，再利用する Q テーブルの線
形和を計算する処理が記述されている．ターゲットタスクで更新する方策と，再利用
方策の和をとるプログラムが，方策の再利用部分の核心に迫る重要な部分である．し
かし，知識の再利用方法（加算方法）には様々な種類があり，本書で紹介する手法が
ポピュラーとも言い切れない．あくまでも一例として考えてもらいたい．

コード5.8　再利用方策を用いた行動選択（action 関数の抜粋）

```
251  def action(self, state, oState, q, reuseQ, act):
252      total = ret = pmin = pmax = 0.0
253      v = p = numpy.zeros(7) # numpy.zerosを用いたリスト作成と初期化
254      act[1] = act[0] # 実行した行動番号の保存
255      rand = random.uniform(0.0, 1.0)
256      if Vars.MODE == Vars.RL:
257          boltz = Vars.BOLTZMANN[0]
258      elif Vars.MODE == Vars.TL:
259          boltz = Vars.BOLTZMANN[1]
260
261      for i in range(0, 7):
262          if Vars.MODE == Vars.RL:
263              v[i] = q[state[0]][state[1]][state[2]][i]
264          elif Vars.MODE == Vars.TL:
265              v[i] = q[state[0]][state[1]][state[2]][i] + \
266                  Vars.T_RATE * self.mappingSA(state, i, reuseQ)
267      for j in range(0, 7):
268          total = total + numpy.exp(v[j] / boltz)
269      for k in range(0, 7):
270          p[k] = (numpy.exp(v[k] / boltz)) / total
271
272      for n in range(0, 7):
273          pmax += p[n]
274          if pmin <= rand < pmax:
275              ret = self.collisionCheck(state, oState, n)
276              act[0] = n
277          pmin += p[n]
```

　ターゲットタスクで行動価値を更新する Q テーブルと再利用する Q テーブルの線形和で計算された Q テーブルを，ここでは統合 Q テーブルとよぶことにする．統合 Q テーブルを $Q^c(s,a)$，再利用 Q テーブルを $Q^s(s,a)$ とする．ターゲットタスクにて更新される Q テーブルを $Q^t(s,a)$ とすると，統合 Q テーブルは次式のように計算されている．

$$Q^c(s,a) = Q^t(s,a) + \tau Q^s(s,a) \tag{5.6}$$

　式 (5.6) では，Q テーブルどうしの和以外にも転移率 τ が登場している（4.5.2 項参照）．τ はコード 5.6 の 57 行目の T_RATE として実装されている．転移率は，統合 Q テーブルを算出する際に，再利用する行動価値を割り引く効果がある．すなわち，壁への衝突の負の報酬と同様に，再利用する行動価値が高すぎるという状態を回避できる．負の報酬は環境とインタラクティブに行動価値を下げていくが，転移率はあらかじめ再利用 Q テーブルの行動価値を低くする．転移率の値の設定には，ユーザの経験や直感が必要とされる．今回のシミュレーションでは，T_RATE = 0.5 が使われている．

　統合 Q テーブルを生成すると，ボルツマン選択により行動選択を行うことができ，強化学習で使用した式 (2.46) は次式のように書き換えられる．これ以降の行動選択の処理は，第 3 章の強化学習シミュレーションと同様となる．

$$P(a_i|s) = \frac{\exp\{Q^c(s, a_i)/T\}}{\sum_{a_j \in A} \exp\{Q^c(s, a_j)/T\}} \tag{5.7}$$

5.3.5　タスク間マッピング

前項で紹介した行動選択関数 action() 内では，ターゲットタスクの Q テーブルと再利用 Q テーブルを加算する 266 行目で mappingSA() という関数を使用している．これは，タスク間マッピング（4.4.2 項参照）の処理である．この処理をコード 5.9 に示す．

コード 5.9　タスク間マッピング

```
224  # タスク間マッピングの設定
225  def mappingState(self, state):
226      retState0 = state[0]
227      retState1 = state[1]
228      return [retState0, retState1]
229
230  def mappingAction(self, actNum):
231      if actNum == 4 or actNum == 5:
232          return -1
233      elif actNum == 6:
234          return 4
235      return actNum
236
237  def mappingSA(self, state, actNum, reuseQ):
238      mapState = self.mappingState(state)
239      mapAction = self.mappingAction(actNum)
240      if mapAction == -1:
241          return 0.0
242      else:
243          return reuseQ[mapState[0]][mapState[1]][mapAction]
```

本章のシミュレーションは，ソースタスクとして 2 次元グリッドワールド，ターゲットタスクとして 3 次元グリッドワールドを使っていた．ソースタスクとターゲットタスクで，エージェントの観測可能な状態と行動は次のように異なる．

$$\boldsymbol{A}_s = \{\text{前},\text{後},\text{右},\text{左},\text{停止}\}, \quad s_s = (x, y),\ s_s \in \boldsymbol{S}_s$$
$$\boldsymbol{A}_t = \{\text{前},\text{後},\text{右},\text{左},\text{上},\text{下},\text{停止}\}, \quad s_t = (x, y, z),\ s_t \in \boldsymbol{S}_t \tag{5.8}$$

ここで，ソースタスクの行動空間は $\boldsymbol{A}_s$，観測可能な状態は s_s，ターゲットタスクの行動空間は $\boldsymbol{A}_t$，状態は s_t である．ソースタスクの知識をターゲットタスクのエージェントが再利用する場合，s_s と s_t は次元数が違い，$\boldsymbol{A}_t$ は $\boldsymbol{A}_s$ よりも種類が多いため，タスク間マッピングでソースタスクとターゲットタスク間の状態と行動の対応関係を事前に定義しておく必要がある．

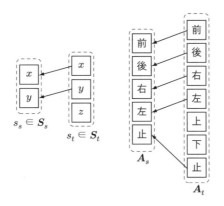

図 5-11　本章で用いたタスク間マッピング

　ここでは，図 5-11 のような対応関係をタスク間マッピングとして定義し，コード 5.9 の mappingState() と mappingAction() でそれぞれ状態と行動の対応関係を求めるように記述している．ただし，プログラム中の変数や番号などを考慮してコーディングしているため，別の問題や環境をシミュレートする場合には，各自でマッピングに応じて適宜番号の対応関係などを変換するプログラムを記述する必要がある．

5.3.6　行動価値更新

　本章の価値更新においては，実はコード 3.11 と同じ関数 updtQ() を用いている．ただし，行動数や状態の次元数が異なるので，行動価値更新関数をコード 5.10 に示す．

コード 5.10　Q 値の更新

```
291  # Q値の更新
292  def updtQ(self, state, oState, q, mode, act, reward):
293      maxQact = self.argMaxQ(state, q, 7)
294      TDerror = Vars.D_RATE[mode] * q[state[0]][state[1]][state[2]][maxQact] - \
295              q[oState[0]][oState[1]][oState[2]][act[0]]
296      q[oState[0]][oState[1]][oState[2]][act[0]] = q[oState[0]][oState[1]]
                                                    [oState[2]][act[0]] + \
297                                      Vars.L_RATE[mode] * (reward + TDerror)
```

　強化学習のときとの違いは，価値更新を行う方策の対象である．すでに述べたとおり，本章の転移学習シミュレーションでは，統合 Q テーブル $Q^c(s,a)$ とターゲットタスクの Q テーブル $Q^t(s,a)$，再利用 Q テーブルの $Q^s(s,a)$ の 3 つの Q テーブルをプログラム中で取り扱う．関数 updtQ() に引き渡す Q テーブル，すなわち行動価値を書き換える対象となる Q テーブルは $Q^t(s,a)$ である．関数の引数に引き渡す方策を変

更しているだけなので，コードとしては強化学習と同じになる．

　本チュートリアルにおける Q 学習の価値更新の式を厳密に表すと，次式のようになる．

$$Q^t(s_t, a) \leftarrow Q^t(s_t, a) + \alpha \Big\{ r + \gamma \max_{a' \in \boldsymbol{A}} Q^t(s_{t+1}, a') - Q^t(s_t, a) \Big\} \tag{5.9}$$

　式 (5.9) を見てわかるとおり，本章においては価値更新に統合 Q テーブル $Q^c(s, a)$ や再利用 Q テーブル $Q^s(s, a)$ を用いておらず，$Q^t(s, a)$ のみを用いている．もちろん，統合 Q テーブルや再利用 Q テーブルを用いて価値更新を行うことは可能であるが，ソースタスクにおいて価値の高い行動が，ターゲットタスクにおいて影響を及ぼしすぎる場合がある．これも負の転移の一種である．ここでは，ソースタスクの Q テーブルを再利用して行動選択するが，学習である価値更新自体はゆっくり行っていくために，$Q^t(s, a)$ のみを用いている．

5.4　転移学習の失敗例

　本章の最後に，転移学習が失敗する例をシミュレーションしてみよう．ここで取り扱うのは，本章でも使用しているタスク間マッピングと，本章でチューニングした「負の報酬」と「転移率」である．タスクの種類やその難易度，エージェントの類似度によっても負の転移となる条件は異なるが，今回のチュートリアルの 3 次元グリッドワールドでは，タスク間マッピングや負の報酬，転移率を少し調整するだけで負の転移を意図的に発現させることが可能である．

　ちなみに，ターゲットタスクに対して有益でないソースタスクの知識を用いると，負の転移が発現することは想像に難くない．そのため，ここでは転移する知識の選択の誤りは除外して考える．正の転移が発現する状況であっても，転移に関するパラメータを調整することにより，負の転移が起こりうるということに主眼を置く．

5.4.1　不適切なタスク間マッピング

　最初に，タスク間マッピングを不適切に設定するとどうなるか見てみよう．ここでは，後ほど触れる負の報酬と転移率の設定は本章で行ったシミュレーションから変更はせず，5.3.5 項で説明したタスク間マッピングのプログラムを改造していく．今回は，コード 5.11 のように，行動に関するマッピングを意図的に不適切なものに変更した．この不適切なタスク間マッピングを図で表すと，図 5-12 のようになる．

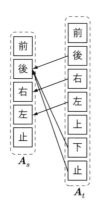

図 5-12 不適切なタスク間マッピング

コード 5.11 タスク間マッピングの誤設定

```
230  def mappingAction(self, actNum):
231      if actNum == 0:
232          return -1
233      elif actNum == 4 or actNum == 5 or actNum == 6:
234          return 2
235      return actNum
```

　ここでは，転移元と転移先で共通する「前に進む」という行動をあえてマッピングせず，新たに増えた「上に進む」や「下に進む」や「停止」を「後ろに進む」にまとめてマッピングしている．この設定を使用して転移学習した結果の学習曲線を図 5-13 に示す.

　学習曲線は，図 5-5 で得た学習曲線と似ているが，実は負の転移[*1]が発現している．報酬曲線は低い値から 1 へ収束しており，ステップ数曲線も大きい値から最短経路のステップ数に収束している．また，転移なしの学習曲線（図 5-7）と比較しても収束が明らかに早い．しかし，transfer ratio に着目してほしい．ログとして出力された学習曲線の CSV ファイル内にある B 列の総和をとると，$\sum_e L_t(e) = 147161$ と非常に大きい値となる．ステップ数曲線を見てみると，時折ステップ数が増大する箇所があり，これが影響している．図 5-5 の適切なタスク間マッピングを行った学習結果と比較すると，収束するエピソード数は同等の値となっている．これらの結果を表 5-4 にまとめる.

　表では，適切なタスク間マッピングを行った学習結果は「適切」，誤ったタスク間マッピングを行った学習結果は「不適切」として記入している．曲線の波形からはジャンプスタートや学習速度改善が発現しているように見えるが，transfer ratio で結果を

---

*1　6.3 節で後述するゼロの転移とも考えられる.

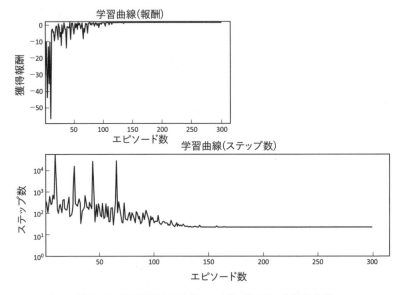

図 5-13　不適切なタスク間マッピングを用いた学習曲線

表 5-4　不適切なタスク間マッピングにおける transfer ratio

条件	ステップ数	r
転移なし	148076	——
適切	33673	−0.773
不適切	147161	−0.006

考察すると，転移なしの場合と大差ない性能であることがわかる．

　なお，最終的に学習したグリッドワールドにおけるゴールまでの経路は，図 5-14 に示すとおりである．学習曲線からもわかるように，本章で行ったシミュレーションと同様の最短経路を学習している．

図 5-14　不適切なタスク間マッピングを行ったときの学習経路（→口絵参照）

5.4.2　不適切な負の報酬の設定

　次に，ターゲットタスクにおける負の報酬の設定を変更して転移学習を実行してみ
よう．ここでは，壁に衝突すると得られる負の報酬 `N_REWARD` に，コード 5.12 のよう
に 0.0 を代入してみる．転移率 `T_RATE` は 0.5 のままにしておこう．

コード 5.12　不適切な負の報酬の設定

```
56  N_REWARD.append(0.0)
57  T_RATE = 0.5
```

　パラメータの設定を行ったら，シミュレーションをスタートしてみよう．再利用知
識の行動価値が高いため，壁に衝突してデッドロックする行動が多くなるが，ゴール
へは到達できる．結果の学習曲線を図 5-15 に示す．一目瞭然であるが，ステップ数曲
線が 300 エピソード程度では収束しない．さらには今回の条件において報酬がもらえ
る条件はゴールへの到達のみであるため，報酬曲線は 1 の値を横ばいで推移する．こ
の後 10000 エピソードまでシミュレーションを続けてみたが，収束するにはいたらな
かった．
　一方，学習した経路を図 5-16 に示す．行動価値の入っている場所を見ると最短経路
を学習できていると考えられ，ゴールからの行動価値の伝播が行えていることが見て
とれる．しかし，学習曲線からもわかるとおり，負の報酬を適切に設定した学習で見

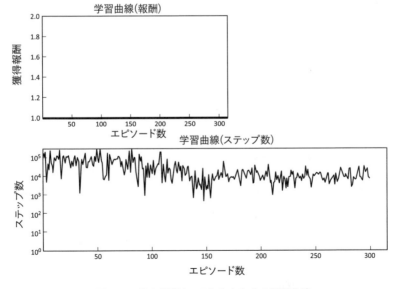

図 5-15　負の報酬を 0.0 にしたときの学習曲線

図 5-16　負の報酬を 0.0 にしたときの学習経路（→口絵参照）

たような転移学習の効果は得られなかった.

　今回のケースでは，エージェントがゴールに到達し，ターゲットタスクの知識が新たに獲得できたとしても，行動価値の更新が再利用知識に影響を一切与えないため，常に再利用知識の行動価値がターゲットタスクでの行動選択に影響を及ぼすこととなる．これはある意味，本書の転移学習で用いている知識の再利用式（式 (5.6)）の弊害でもある．ターゲットタスクで再利用する知識にある行動価値を改善し，環境適応性能を高めたい場合は，複写型の転移学習（4.5 節参照）のようにターゲットタスクで使用する知識を再利用する知識で初期化して，転移学習をスタートするほうがよい．その反面，行動価値が更新された再利用方策は，その価値更新が正しかろうが正しくなかろうが，元に戻すことはできないことに注意する必要がある．どちらも一長一短といったところであろう.

5.4.3　不適切な転移率の設定

　コード 5.13 のように，転移率を 0.9 という不適切な値に設定してみよう（負の報酬は −0.5 としておく）．転移率の値が高いということは，再利用する知識から得られる各座標における行動価値が高い状態で行動選択を行い続けなくてはならないことを意味する.

コード 5.13　不適切な転移率の設定

```
56  N_REWARD.append(-0.5)
57  T_RATE = 0.9
```

　この条件でシミュレーションを行った結果の学習曲線を図 5-17 に示す．転移率の設定を誤った場合も，負の報酬の設定を誤った場合と同様に，300 エピソード程度では学習の収束が得られなかった．こちらに関しても 10000 エピソードまで転移学習を継続して行ってみたが，収束はやはり得られなかった．この条件では，負の報酬が設

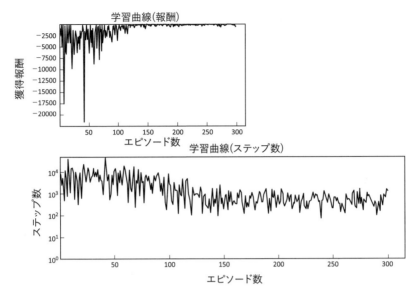

図 5-17 転移率を 0.9 にしたときの学習曲線

定されているため，報酬曲線はエピソードを繰り返すごとに高い値を示していること
がわかるが，転移率が高いため，再利用方策に強く従って行動した結果，衝突が頻繁
に起こり，獲得報酬が非常に低い状態から報酬曲線がスタートしている．なお，ター
ゲットタスクで学習した経路は，図 5-4 や図 5-16 と同様であるため割愛する．

　タスク間マッピングを不適切に設定したケースと同様に，不適切な転移率を設定し
た場合は再利用知識から参照する行動価値が高いため，ターゲットタスクにおける学
習に影響を及ぼしている．壁に衝突すればするほどターゲットタスクで獲得する知識
に負の行動価値が代入されるが，再利用知識から得られる行動価値と式 (5.6) を用い
て合算しても，再利用知識の行動価値が高く，ターゲットタスクでの再学習の効果に
は及ばないことがある．

5.4.4 複写型の転移学習ではどうなるか

　これまでの失敗例は，再利用知識とターゲットタスクで獲得している知識を行動選
択ごとに結合して行動価値を計算する参照型を採用している．複写型の転移学習は，
ターゲットタスクの最初で再利用知識を使用して，ターゲットタスクの知識を初期化
する形式となっている．そこで本章の最後に，複写型の転移学習を用いた場合，本書
で行った転移学習のシミュレーションと同じ条件でどのような結果が現れるか紹介し

よう.

　転移学習プログラムに複写型の手法を実装するとき，最小限の変更で留める場合は
コード 5.14 のように 307 行目からプログラムを追記しよう. コード 5.14 は，agt1 と
いうインスタンスを作成した直後に，ターゲットタスクで学習する知識の変数となる
agt1.Q に対して，学習前に再利用知識である agt1.REUSEQ を複写している. 多次元
配列の各要素を for 文で指定し，ひとつひとつ値を代入している古典的な書き方で実
装している. この実装における再利用知識の行動価値のイメージも，3 階建てのグリッ
ドワールドの各階に転移されるイメージと同じである. 312 行目からは，転移済みの
知識 agt1.REUSEQ は不要なので，値を 0.0 で初期化している. 0.0 とすることで，行
動選択の際にターゲットタスクの知識に加算されても影響がないようにし，これによ
り転移する知識を用いて初期化する複写型の転移学習を実現している.

コード 5.14　複写型の転移学習の実装

```
305  agt1 = Learning()
306  # 複写型の実装
307  for i in range(0, Vars.GRID.shape[2]):
308      for j in range(0, Vars.GRID.shape[1]):
309          for k in range(0, Vars.GRID.shape[0]):
310              for l in range(0, 7):
311                  agt1.Q[i][j][k][l] = Vars.T_RATE * agt1.mappingSA([i,j],
                          l, agt1.REUSEQ)
312  for m in range(0, Vars.GRID.shape[2]):
313      for n in range(0, Vars.GRID.shape[1]):
314          for o in range(0, 5):
315              agt1.REUSEQ[m][n][o] = 0.0
```

　複写型の転移学習を実行する際は，負の報酬と転移率をコード 5.15 のように設定し
ておこう. コード 5.14 の 311 行目のとおり，再利用する知識の行動価値をそのまま
ターゲットタスクの知識の初期値として利用するために，転移率は 1.0 に設定してい
る. 負の報酬も 0.0 と設定しているため，エージェントがターゲットタスクにおいて
障害物に衝突しても報酬は得られない. 純粋に強化学習アルゴリズムの行動価値の改
善（更新）により環境適応することとなる. タスク間マッピングは 5.2 節の状態に戻
してシミュレーションを行う.

コード 5.15　複写型の転移学習における負の報酬と転移率

```
56  N_REWARD.append(0.0)
57  T_RATE = 1.0
```

　ここまでのプログラムの追記と設定が完了したら，シミュレーションを実行してみ
よう. 実行した結果の学習曲線を図 5-18 に示す. 報酬はゴールでのみ得られるため，

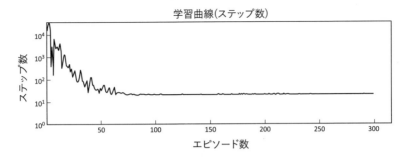

図 5-18　複写型の転移学習で得られた学習曲線

ここでは掲載していない．ここまでのシミュレーションのどの結果より高速な収束傾向を見せている．100 エピソード以降，多少の値の変動は見受けられるが，ほぼ収束している状態であり，まさしく学習速度改善が発現していると言えるだろう．しかし，実はジャンプスタートが発現しておらず，むしろ学習初期段階では知識の書き換えのために多くの行動回数を消費している．比較のために，いくつかの条件で学習した際の結果を表 5-5 に示す．学習曲線は各トライアルで数値の変動があるため，表のいずれの条件においても 10 トライアルの平均値を用いている．

表 5-5　複写型の転移学習における transfer ratio（10 トライアル平均）

条件	ステップ数の総和	r
強化学習（転移なし）	126686.0	——
複写型 ($\tau = 1.0$)	128124.3	0.011
複写型 ($\tau = 0.3$)	73484.3	−0.420
参照型	38312.0	−0.698

　表において，transfer ratio の基準となるのは転移なしの強化学習である．複写型 ($\tau = 1.0$) では，上述のとおり学習曲線上では学習速度改善が現れているにもかかわらず，transfer ratio はほぼ 0 であり，転移学習の効果が得られていない．

　複写型 ($\tau = 0.3$) では，transfer ratio の値が改善し，転移学習の効果が得られている．この転移率は，事前に各転移率を検証し，効果が現れる値を採用している．最後に，効果の比較検討用として本章のシミュレーションで用いた手法（参照型）も表に掲載している．これは，表 5-4 で正の転移が現れた手法である．

　次に，学習曲線の比較を図 5-19 に示す．グラフの縦軸が対数となっているので注意しよう．転移率 1.0 の複写型の転移学習は，学習初期のステップ数が高い値となっているため，transfer ratio の比較結果においては転移なしと同等の結果であった．学習初期で環境適応するための知識の書き換えで時間を取られている（多く行動している）ものの，どの実験条件よりも早い収束傾向が発現しており，手法の性能の高さを

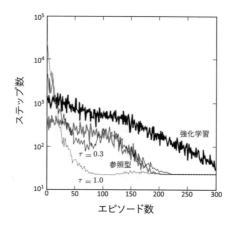

図 5-19　複写型の転移学習とこれまでの結果の学習曲線比較（10 トライアル平均）

示している.

　前項までの例も含めてまとめると，複写型の手法は，ソースタスクの知識をターゲットタスクの知識の初期値として利用することで，ターゲットタスクに適応するための知識改善がなされ，高速な環境適応性を持つ．しかし，ターゲットタスクの最初に知識を複写した場合，学習途中での知識の再利用を中止したり，不適切な知識の書き換えが発生した場合に後戻りしたりすることができない．これに対し，本章のシミュレーションで用いた手法（参照型）は，負の報酬や転移率の事前のチューニングが必要であるが，負の転移が発現した場合，もしくはその傾向が現れた場合は知識の再利用を中止したり，再利用度合いを調整したりすることが可能である．そのため，ターゲットタスクにおいて複数の知識を選択する方法の実装が容易になったり，ある程度ターゲットタスクの学習が進んだら再利用知識だけを切り離したりすることが可能である．ほかにも，あるときは知識を再利用し，あるときは再利用しないなどの細かな制御が可能である.

第 5 章のまとめ

　本章のまとめとして，転移強化学習について最低限押さえておいてほしい事項を以下に記した.

- 転移学習は方法論であり，実装プログラムは強化学習がベースとなる
- 参照型の転移学習は，$Q^t(s,a)$ と $Q^s(s,a)$ を結合した $Q^c(s,a)$ で行動選択を行う．ただし，行動価値の更新は $Q^t(s,a)$ でのみ行う

- 再利用方策でターゲットタスクのエージェントがデッドロックするようであれ
  ば，転移率 τ を調整し，再利用度合いを調整（再利用する方策の行動価値を割
  り引く）することが可能
- 複写型の転移学習は，$Q^s(s, a)$ を $Q^t(s, a)$ の初期化に使用する

　転移学習を適用する例としては，ソースタスクとターゲットタスクで環境やエージェ
ント本体の機能がどちらも明らかに異なる（ヘテロジニアス転移学習である）ことが
望ましいが，学習が難しくなるため，本章ではプログラムを自作してもある程度うま
くいく簡単な問題設定としていることに注意してほしい．

コラム 3 転移強化学習を用いたシニアカーの自動運転

コラム 2 では強化学習する事例のみを紹介したが，ここでは計算機シミュレーションで獲得した行動価値関数を実機ロボットに転移する，つまり転移強化学習を行う事例を紹介する．ここでは，図 1 に示すような自動運転シニアカーをプラットフォームとして利用する．

図 1 自動運転シニアカー

この自動運転シニアカーは，自動車メーカであるスズキのセニアカー ET4D をベースに，駆動系電装系の改造はせずに自動運転システムを後付けできるようにレトロフィット型で開発されている．センサとして，LiDAR やトラッキングカメラ，レーザレンジファインダ，ジャイロセンサなどを搭載している．

通常のシニアカーの速度制御はハンドルに付いたレバーで行うが，サーボモータに接続された治具でレバーを押すことにより，コンピュータから制御できる．ハンドルの操舵に関しても，エンコーダを搭載したリニアアクチュエータを搭載することで，コンピュータから操舵の速さや操舵角を制御できる．

今回は，コラム 2 と同様に，センサでスキャンした環境情報を物理演算シミュレータに取り込み，強化学習を実行後に実機ロボット（自動運転シニアカー）で転移学習を行う．ソースタスクが物理演算シミュレーションで，ターゲットタスクが自動運転シニアカーということになる．具体的には，シニアカーの進行方向にはヒトが立っており，それを避ける経路をシミュレーションで学習し，実際の自動運転シニアカーでヒトを避けながら進むことを考える．まず，図 2 のように進行方向にヒトがいる環境を LiDAR でスキャンし，図 3 のようにシミュレータへ形状情報を取り込む．強化学習には Q 学習を使用しており，シミュレーション内において障害物やヒトに衝突すると負の報酬 (-0.05) が与えられ，ゴール位置に到達すると正の報酬 1 が与えられる．学習率は 0.1，割引率は 0.99，ボルツマン行動選択の温度定数は 0.05 として学習を行った．なお，シミュレーション内のシニアカーモデルは実際のシニアカーと同様に 4 輪のタイヤが装着され，前 2 輪の操舵角を変更することで進行方向を調整する．状態空間はグリッドワールドをベースに座標と姿勢角 x, y, θ として表現し，Q テーブ

図2　LiDAR による環境スキャン

図3　シミュレーション環境

ルの軽量化を行っている．自動運転シニアカーの自己位置推定にはトラッキングカメラのみ
を使用し，スタート地点からどれだけ移動したか，どの方向を向いているかを計測している．
なお，今回の転移強化学習にはタスク間マッピングは用いていない．これはシミュレーショ
ン内のシニアカーモデルのハンドル操舵角や前進などの走行指令は，実機の自動運転シニア
カーと対応がとれるように事前に調整済みだからである．しかし，実際のシミュレーション
内モデルと実機のシニアカーでは操舵角に対する旋回半径や微妙な移動時間の違いなどが存
在するので，仮想と現実で違いがないように調整しなければならない．

　シミュレーションでは障害物を避けながらゴールまで走行する強化学習が行えた．その後，
自動運転シニアカーに学習した知識を転移して走行実験している様子を図4に示す．LiDAR
による環境情報のスキャン時は実際のヒトをシニアカーの進行方向に配置したが，自動運転実
験中はヒトへの衝突の可能性もあることから，安全のために脚立に布張りしてヒト代わりと
している．図5に強化学習が獲得した移動経路と，自動運転シニアカーの移動経路を比較し
たグラフを掲載した．座標 $(0, 0)$ がシニアカーモデルや自動運転シニアカーの初期位置であ

図4 自動運転シニアカーで転移強化学習の走行実験を行っている様子

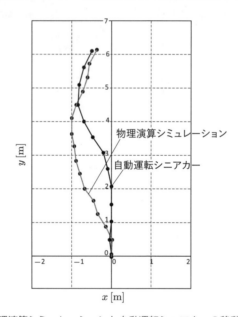

図5 物理演算シミュレーションと自動運転シニアカーの移動軌跡比較

り,座標 $(0, 4)$ のところにヒト(脚立)が立っていると考えてほしい.どちらのグラフもヒト
を避けて移動していることが読み取れ,物理演算シミュレーションで獲得した知識を自動運
転シニアカーで転移学習できることが示せた.今回の実験では,自動運転シニアカーで何百
回と学習を繰り返すことが難しいため,転移強化学習としての試行回数は1回である.また,
物理演算シミュレーションの学習曲線としては,経路獲得ができているので掲載は割愛する.
　図5では,物理演算シミュレーションと自動運転シニアカーがともにヒトを避けているが,
お互いの経路に差が発生している.物理演算シミュレーションの経路は早い段階から人を避

け，最短経路でゴールに到達するように移動していることがわかる．また，シミュレーションでは座標を数値として扱っているため，精度の高い移動軌跡グラフとなっている．一方，自動運転シニアカーは状態として行動価値関数に入力する情報や図に示した移動軌跡座標もトラッキングカメラからの情報であるため，座標情報には誤差が存在している．図の自動運転シニアカーには，ヒトの近くまで直進し，接近したらハンドルを切るような動作が結果的に発現しているが，これはトラッキングカメラの誤差やハンドル操舵角誤差が相まって発現したもの，要はたまたまこうなったと考えられる．今回の実験構成では，実環境での再学習の効果が現れるほど試行回数を実施していないのでソースタスクから転移した知識のとおり動作するのが直感的である．紹介した実験はかなりシンプルであるが，実際にシミュレーションで学習した知識を実機ロボットに転移する研究は，現状では多くない．静的な障害物を避けるだけの動作というのは実世界での使用を考えるとまだ機能として十分ではないが，現在この自動運転シニアカーは7.5節で紹介する知識選択の実験用プラットフォームとして使用されており，環境や状況に応じて自分で動作（知識）を切り替えることができる．

転移強化学習の実装上の注意点

6.1 強化学習から転移学習に継承される課題

　ここでは，論文では議論されることが少ない，基本的ではあるが実装上ユーザを悩ませる項目について述べていこう．論文においては，強化学習における学習率などの学習パラメータなどは任意の値と割り切っており，学習がうまくいくまでユーザによる試行錯誤が必要である．また，一般的に成功しやすいパラメータの値も明らかとなっているが，本当にそれが最適かと聞かれると断言はできない．本節では，転移学習が強化学習に組み込まれたからといって解決できない，言い換えると，強化学習から継承される課題についても少し触れていこう．

6.1.1 パラメータチューニング

　強化学習では学習率 α や割引率 γ，報酬 r などを事前に決定し，学習シミュレーションや実機ロボット実験を行わなければならない．行動選択関数にボルツマン選択を用いた場合は，温度定数 T も適切か考える必要がある．転移学習でも同様で，ソースタスクではパラメータが適切か実験により評価し，ターゲットタスクにおいても環境やタスクが変わった状況でパラメータが適切か考えなければならない．ソースタスクで使用した α や γ，r がターゲットタスクでも同じと限らない．

　たいていの場合，ソースタスクとターゲットタスクで極端に値を変更して実験やシミュレーションを行うことは少ないと考えているが，上記のような意味では，適切なパラメータというのはその都度評価し検討する必要がある．強化学習問題から転移強化学習問題とすることで，逆にパラメータが増えていることは事実である．パラメータチューニングに関しては，とくに経験と直感が重要となってくる．結局のところ，現状では効果的な転移強化学習を得るためには，ユーザの試行錯誤によるパラメータチューニングが必要である．なお，転移率については，6.4 節で述べる転移曲面を用いれば，適切な値を決定できる場合がある．

6.1.2 過学習

すでに述べたとおり，機械学習では学習した環境や問題に特化しすぎると，他の類似問題に適合できなくなる過学習が発生する．強化学習においても，転移強化学習においても過学習は同様に発生する．ソースタスクで多試行の学習を繰り返し，ソースタスクに強く適合することで，ターゲットタスクでの適応ができなくなり，過学習が起こり，負の転移となる．過学習を回避するには様々な方法が考えられるが，本書で紹介した転移率や転移効率を適切な値に設定することで，ある程度は回避可能である．

6.1.3 知識利用と探査のジレンマ

強化学習では，学習アルゴリズム，学習率や割引率の調整を行うことで，知識利用と探査のジレンマ（1.2 節参照）をよい塩梅でクリアし，解の獲得を実現する．前述のパラメータチューニングや過学習とも密接に関係する話であるが，ヒトが学習率や割引率を決定している時点で，そのヒトは知識利用と探査のジレンマに陥っており，経験と直感を駆使する必要がある．

転移学習においても，新たなジレンマが発生する．たとえば，ソースタスクで学習した知識を転移して新たな問題を解くとき，不適切な知識が転移された場合，ターゲットタスクでの問題解決能力が低下する．かといって，知識の転移を行わないと新たな問題を1から解く必要があり，ターゲットタスクでの問題解決や学習に時間を要する．基本的に，転移学習は，知識の転移が効果的にはたらくという前提に立った手法であるため，現実問題として本当に有益な知識を選んで転移できるのかどうか，結果的に転移しないほうが大局的には時間などのコストが低く抑えられるのではないか，と判断に困るケースが発生する．第4章で紹介した転移効率や転移率による知識の再利用度合い調整においても，転移効率や転移率の値を高くしすぎると過学習になる可能性があるし，低くしすぎるとターゲットタスクでの探査時間の増加を招く可能性がある．といった具合である．これらのジレンマを解決するためには，基本的な転移学習のアルゴリズムだけでなく，付加機能，たとえば再利用知識を評価するメカニズムや，動的に再利用知識の利用率を調整する方法，知識選択を行う方法などの検討が必要である．

6.2 転移強化学習ができているかわからない場合

転移強化学習は，いくつもの実験を行っているとなかなか転移がうまくいかず，転移がうまくできていないのか，プログラムのバグや実験条件の設定ミスで効果が現れて

いないのかの区別がつかないときがある．たとえば，どのような実験条件で試しても転移学習の効果が得られないときなどである．そのようなときは，まず知識が適切に保存できているか確認し，同一エージェントかつ同一環境における転移学習（それが転移学習かどうかはさておき）を実行してみるとよいだろう[33]．本書では，同一エージェントかつ同一環境における転移学習を**自己転移**とよぶ．これは，4.2 節で紹介した転移学習の定義を考慮すれば，ソースドメインとターゲットドメインが同一であるため，従来の機械学習問題として分類される[10]．転移学習と自己転移のイメージを図6-1 に示す．

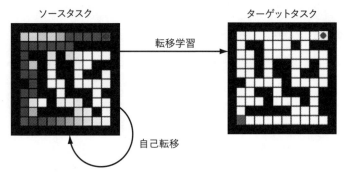

図 6-1　自己転移のイメージ

　ここで，第 5 章の転移学習のシミュレーションは，2 次元のグリッドワールドで学習した行動価値関数を読み込むようにできていることに注意が必要である．すなわち，3次元グリッドワールドで学習した行動価値関数は，本書のプログラムのままでは転移学習シミュレーションで読み込むことができない．そのため，3 次元のグリッドワールドで学習した行動価値関数を読み込めるように改良する必要がある．

　ここで一度，通常の転移強化学習における結果を復習しておく．学習曲線は図 6-2のようになる．図中の転移なしが環境を 1 から強化学習したときの学習曲線であり，転移ありは類似環境で学習した方策を転移した場合の学習曲線である．なお，学習は最短経路問題に対して行った．転移ありの学習曲線は転移なしの学習曲線と比較して，ジャンプスタートが現れ，学習速度改善も発現し，転移学習の効果が現れている．ここでは，ソースタスクとターゲットタスクにおけるステップ数が同じであるため，漸近的改善は現れていない．

　次に，同一エージェントかつ同一環境である自己転移の学習曲線例を図 6-3 に示す．なお，自己転移も最短経路問題に対して学習を行った．転移なしが環境を 1 から強化学習したときの学習曲線であり，250 エピソード付近で最短経路に収束している．自

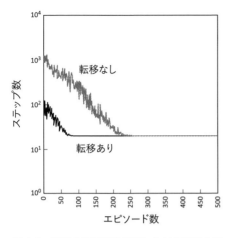

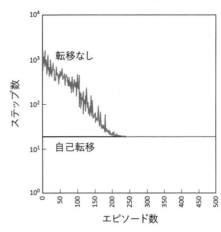

図 6-2 通常の転移強化学習における学習曲線   図 6-3 自己転移における学習曲線

己転移の学習曲線はすでに学習した最適解を知っている状態で同じ問題を解いているので，1 エピソード目から最適解のステップ数が発現する．すなわち最初から収束している状態となる．言い換えれば，転移強化学習のプログラムが機能している環境において自己転移を行うと，転移なしの学習曲線が，始めから収束している自己転移の学習曲線に近づいていき，やがて 2 つの曲線が一致する．

　自己転移の内容や結果は聞いてみれば当たり前の話ではあるが，もし実験中にプログラムがうまく動かない場合は，自己転移に立ち戻って動作確認を行ってみるとよい．図で示したのは理想的な例であり，たとえば学習環境でエージェントの観測情報にノイズが与えられているようになっていたり，マルチエージェントの環境設定・問題設定に問題やバグがあると，学習曲線はこのとおりにならない．

6.3 よい知識の再利用とは？ 正の転移と負の転移

　これまで負の転移や正の転移という用語を使用してきた．言葉のイメージのとおり，負の転移は転移の効果が見込めない，もしくは逆効果な転移であり，正の転移はよい効果が得られる転移である．ここでは転移学習における効果について深掘りしてみよう．

　転移には，「正の転移」「負の転移」のほかに「効果なし」の転移も存在する．たとえば，ソースタスクにて学習した結果がターゲットタスクに影響を及ぼすことがなく，転移する必要すらないというような状況である．これを**ゼロの転移** (zero transfer) とよぶ[33, 46]．

　正の転移は，ソースタスクにて獲得した知識や方策をターゲットタスクで再利用し

た場合，ターゲットタスクを 1 から学習するよりもよいパフォーマンスが発現する状態である．よいパフォーマンスとはジャンプスタートや学習速度改善，漸近的改善などであり，5.2.6 項でも触れた transfer ratio でも評価可能である．学習曲線のグラフを例に紹介すると，図 6-4 のとおりである．黒い実線が転移なしの強化学習である．また，グレーの実線で描かれている曲線が正の転移で，ジャンプスタートや学習速度改善が発現している．

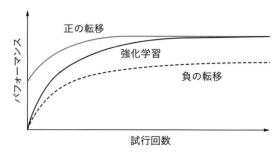

図 6-4　学習曲線における正の転移と負の転移

　一方，図において破線で描かれている曲線が負の転移である．学習曲線の初期パフォーマンスが強化学習と負の転移で同じ値をとるとは限らないが，とにかく強化学習の学習曲線に届かないパフォーマンスで推移する状況が負の転移である．負の転移が発現した場合，方策の再利用を中止して 1 から強化学習したほうが得策だろう．

　図では線が重複するため描いていないが，転移学習を行っていても得られた学習曲線が強化学習と近い値で推移する状態がゼロの転移である．たとえば，ターゲットタスクにて方策を再利用する場合，転移された Q テーブル内の現在の状態の行動価値が 0 の場合などにゼロの転移が現れる．すなわち，ソースタスクで未探査であった場所や，Q テーブルに定義されていない状態を参照して行動選択をしているようなシチュエーションである．

　転移する知識は，正の転移を発現させられるかという観点で選ぶのがコツである．もしゼロの転移が発現したら，それは不幸中の幸いで，ターゲットタスクを 1 から学習すればよい．一方，負の転移は一向にパフォーマンスの向上が見られないため，ロボットやエージェントを早めに停止することが必要となる．

6.4　転移曲面

　ここでは，適切な転移率を設定するのに有用な，**転移曲面** (transfer surface) を紹介しよう[46, 47, 48]．

転移曲面は心理学分野において C. E. Osgood により提案された[49]. 転移曲面は, ある刺激に対する反応を覚えた(学習した)ヒトに対し同一の刺激や別の刺激を与え, どのような反応をするかで転移学習の効果を可視化する立体的なグラフである. 図6-5 に転移曲面の例を示す. 図は, 同一, 類似, 中立などの刺激(図右の軸)に対し, 類似, 中立, 反対などの反応が正の転移か負の転移なのか予測することができるグラフであり, 先行学習が後続学習に対して転移の効果が正であるか負であるかによって, それぞれの高さ方向の軸の上下に分かれている. ヒトにおける同一刺激に対する同一反応は, ヒトが同じタスクを繰り返すことの習熟といえ, 正の転移が成立しやすい. グラフにもそれが表されている. 一方, 同一刺激に対するその他の反応は類似, 中立, 反対の順で徐々に転移の効果が薄れていることがグラフからも読み取れる. 類似刺激に対しては, 各反応における転移の効果は同一刺激と同じながらも, 転移の効果は小さくなる. 中立刺激に関しては効果が現れないことも見てとれる. このような, 転移学習の効果を様々な条件で測定し可視化するというアプローチを参考に, 転移強化学習版の転移曲面を考えることができる.

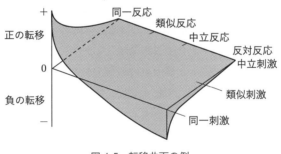

図6-5 転移曲面の例

転移強化学習における転移曲面(以下, 転移曲面)は, 図6-6のようなグラフとなる. 図6-6は, 実際にグリッドワールドにおける転移強化学習から得た結果である. 転移曲面では転移率 $\tau=0$, すなわち方策を転移していない通常の強化学習を基準に考える. 図6-6の転移曲面を見ると, 転移率を上げていくと, 0.2のところでジャンプスタートや収束が早いなどの転移学習の効果が発現している. しかし, 転移率が0.3以上になるとジャンプスタートの値も小さくなり, さらには転移率が1.0付近では学習初期のステップ数が転移率0の場合より多くなっており, 負の転移が発現していることが見てとれる. このように, 転移率の変更によって, 転移学習の効果がどのようにかわるかが一目でわかるのが転移曲面である.

転移曲面を出力するには, 事前に全転移率での転移学習を終え, 学習曲線を集計しなければならない. 総当たりで出力するため手間はかかるが, 経験と直感で転移率を

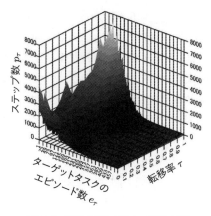

図 6-6 転移曲面の例（→口絵参照）

設定するのでなく，事前にデータをできるだけ集めてから定量的に転移率を議論できることが転移曲面のメリットである．近年は，得られた転移曲面に勾配降下法などの手法を用いて最適な転移率を探査する研究も行われている[48]．

　転移曲面において正の転移，ゼロの転移，負の転移はどのように現れるか，個別のケースを見てみよう．図 6-7 は正の転移の転移曲面である．転移率 0 を基準にすると，転移率が 0.1 付近からジャンプスタートが発現しており，その後は正の転移の効果に違いが現れなくなっている．図 6-8 はゼロの転移の転移曲面である．転移率を変更しても転移率 0 の学習曲線とほとんど変化がない．図 6-9 は負の転移の例であるが，転移率を上げていくと学習曲線の値がどんどん大きくなっている．なお，図 6-6 は正の転移，ゼロの転移，負の転移のすべてが現れている転移曲面である．

　転移曲面は学習曲線を並べて面を構成しているため，転移学習に限らず学習曲線が

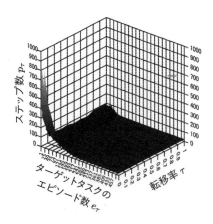

図 6-7　正の転移の転移曲面（→口絵参照）

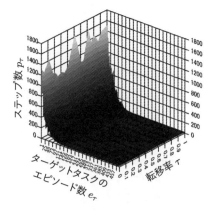

図 6-8　ゼロの転移の転移曲面（→口絵参照）

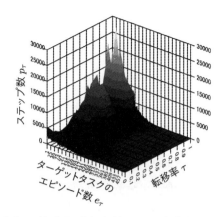

図 6-9　負の転移の転移曲面（転移率が低い領域では正の転移も発現している）（→口絵参照）

得られる実験であれば生成可能である．何かのパラメータを調整・変化させて学習曲線の変化を見たい場合には有効な手段である．Excel などの表計算ソフトでも 3 次元グラフが描画可能なため，ぜひ試してほしい．

CHAPTER

7

転移強化学習の応用

　ここまでで解説した転移学習では，再利用する知識はヒトがエージェントに与えなければならず，さらにはタスク間マッピングの設定も同様にヒトが行った．これは自動化できないのか？　同時並列的な学習への応用は考えられないのか？　など多くの疑問がありうるだろう．本章では，転移強化学習の応用例をいくつか紹介しよう．

7.1　並列転移学習

　1エージェントに対して1タスクや1ドメインである状況における転移強化学習だけでなくマルチエージェントシステムを前提とし，多目的 (multi-objective) な応用を可能にするために，**並列転移学習** (Parallel Transfer Learning: PTL) が提案されている[34, 35]．

　マルチエージェントシステムや多目的学習では，様々な目的やエージェントがお互いに影響を及ぼし，環境が複雑に変化するため学習に時間がかかる．また，マルチエージェントシステムでは，問題設定が MDP でなくなったり，状態空間が広くなるために学習が難しくなる．さらには多目的となると，膨大な学習時間が必要になったり，場合によっては学習ができなくなったりすることも考えられる．たとえば，経済システムやロジスティクスなどの応用では，考慮しなければならない個別の目的や目標があり，相互に排他的である可能性もある．その場合，どの目標を優先するのか，またはどのようにバランスをとればよいのかは，最適解を効率的に見つけにくい困難な問題で，多目的最適化の考え方に近くなってくる．さらに，実問題での学習では，時刻によって目標の優先順位や状態が変化することも考えられる．

　そこで，ソースタスクやターゲットタスクを同時に学習させる手法が考案されている．従来の転移学習のイメージを図 7-1 に，並列転移学習のイメージを図 7-2 に示す．従来の転移学習 (sequential transfer) は，これまで説明してきたとおり，あらかじめソースタスクで学習を行い，そこで得た知識を任意のターゲットタスクに転移する手法である．PTL は，常にそれぞれのタスクで学習している情報をエージェント間で共有することができる手法である．つまり，PTL ではソースタスクでの学習が必要なく

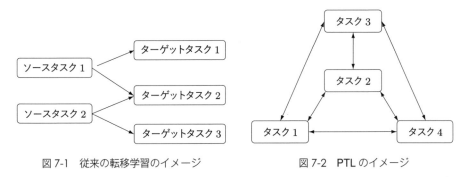

図 7-1　従来の転移学習のイメージ　　　　図 7-2　PTL のイメージ

なる．挙動としては，全タスクがソースタスクになったりターゲットタスクになったり，その両方として機能したりする．

　しかしその反面，PTL はあらかじめ知識を持たない状態で学習がスタートするため，学習初期はパフォーマンスが高くなく，よいパフォーマンスが現れるまで応用先（タスク）によって時間が必要である．

7.1.1　並列転移学習の方法

　PTL の具体的な実現方法として，文献 [34] の比較的シンプルな手法を紹介しよう．前述のとおり，マルチエージェントの状況を前提として，すべてのエージェントがソースタスクにもターゲットタスクにもなれる，すなわち，すべてのエージェント間で学習データの共有ができると考える．しかし，すべてのエージェントが同時に学習を開始する必要はなく，各エージェントが学習に参加するタイミングは任意である．これにより，マルチエージェントシステムとしての柔軟性を活用している．おおまかな並列転移学習の流れを次に示す．

1. 学習の開始時には，転移できる知識がない状態からスタートする
2. 学習を進めていくうちに（あくまでも学習過程で），各エージェントで異なる経験をする
3. 各タイムステップにおいて，エージェントが別のエージェントと共有するのに役立つ情報があると判断したとき，知識を任意のエージェントに転移する
4. エージェントは，自分の通信バッファを定期的にチェックして，他のエージェントからの知識を受信したか確認する
5. 受信した知識がある場合は，受け入れるか破棄するか決定する
6. 1 から 4 を繰り返すことで，PTL システムに参加しているエージェントの全体に対して時間の経過とともに学習した情報が伝播していく

　タスクが同じ，もしくは類似している場合，エージェントは同じ価値関数を学習する可能性が高いため，並列で転移学習することでソースタスクであらかじめ試行錯誤を行う必要がなくなる．マルチエージェントであるがゆえに効率よく強化学習が行え，さらにはあるエージェントがまれにしか訪れない状態を経験した場合は，その知識の共有が有用となる．

　知識の受信プロセスにおいて，転移されてくる知識はエージェント自身が保有する知識と統合する必要がある．有用な知識であれば知識の統合を行うが，そうでない場合は受信した知識を破棄する必要がある．最適な解や有益な知識というのは，学習が終了するまで明らかでないため，この統合すべきか否かという問題は受信した知識の評価が重要となる．たとえば，自分が経験していない状態が含まれている知識は統合する必要がある．具体的には，受信した知識と自身が保有する知識の相関関数を用いることで評価できる．しかし，全エージェントが同時に転移し始めるのは通信の帯域幅や計算量の観点から現実的ではなく，スケーラブルでもないことに注意が必要である．

　並列転移学習の疑似コードをアルゴリズム 1 に掲載する[36]．この疑似コードは分散システムとして動作するように設計されているため，エージェント間での同期は必要ない．

アルゴリズム 1　PTL の疑似コード

1 強化学習実行中の任意のタイミング
2 **for all** Agents $n \in \boldsymbol{N}^a$ **do**
3 　 output $\leftarrow$ SelectKnowledge(TS, SM)
4 　 output $\leftarrow \chi \boldsymbol{A}_{a \rightarrow n}$(output)
5 　 SendKnowledge(output, n)
6 **end for**
7 input $\leftarrow$ ReceiveKnowledge
8 **for all** $Q_{\text{received}}(\boldsymbol{S}, \boldsymbol{A}) \in$ input **do**
9 　 Merge($Q_{\text{received}}(\boldsymbol{S}, \boldsymbol{A})$, MM)
10 **end for**

ここで，アルゴリズム 1 中の変数，関数の意味は，表 7-1 のとおりである．

表 7-1　アルゴリズム 1 の変数・関数

変数・関数	意味
n	エージェント番号
$\boldsymbol{N}^a$	通信可能な自分以外のエージェント番号の集合
output	送信機
TS	Transfer Size. 転移により共有する状態数を決定するパラメータ
SM	Selection Method. 知識選択の方法
SelectKnowledge(TS, SM)	TS と SM を用いて転移するための知識を決定する関数
$\chi\boldsymbol{A}_{a\rightarrow n}$(output)	エージェント間のタスク間マッピング
SendKnowledge(output, n)	n に知識を送信する回数
input	受信バッファ
ReceiveKnowledge	知識を受信する関数
$\boldsymbol{S}$	状態
$\boldsymbol{A}$	行動
$Q_{\text{received}}(\boldsymbol{S}, \boldsymbol{A})$	受信した知識
MM	Merge Methods. 具体的な知識の統合方法
Merge($Q_{\text{received}}(\boldsymbol{S}, \boldsymbol{A})$, MM)	$Q_{\text{received}}(\boldsymbol{S}, \boldsymbol{A})$ をエージェント自身の知識（方策）に統合する関数

7.1.2　シミュレーションによる評価

　文献 [34] では，PTL の評価にスマートグリッドの計算機シミュレーションを用いている．スマートグリッドのシチュエーションとしては，電気自動車 (EV) の充電を家で行うことを想定し，1 台の車に 1 つのエージェントプログラムが常駐しているイメージである（図 7-3）．学習フレームワークには Distributed W-Learning (DWL)[37] というマルチエージェント強化学習に最適化された手法を，スマートグリッドには GridLAB-D という米国エネルギー省が開発したシミュレータを用いている[38].

　実験の環境では，家が 6 軒あり，EV が 1 台ずつ充電のために接続されている．EV に搭載されているエージェントは，毎日の EV 使用のために毎晩充電を行うが，変圧

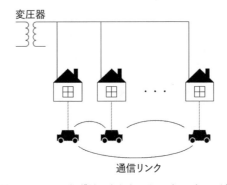

図 7-3　スマートグリッドシミュレータのイメージ

器 (transformer) を過負荷にしないように，エージェント間で充電するタイミングを
調整する必要がある．エージェントどうしでは通信が可能で，それにより各タイムス
テップで変圧器の負荷を算出することができ，変圧器は 2 台の EV までを同時に充電
できるようになっている．また，バッテリーを完全に充電するためには 5 時間必要で
あり，通常の使用需要を満たすためには平均 3.5 時間の充電が必要なように設定され
ている．

　この条件で，できるだけ充電を行いつつ，各エージェント間で調整して，変圧器が過
負荷になる回数を少なく抑える行動を学習させた．実験結果の例を図 7-4 に示す．こ
の実験では，

- 転移なし
- PTL
- 様々なソースタスクを使用した従来の転移学習

でそれぞれシミュレーションを行った．結果は 30 ヶ月分のパフォーマンスの推移で
あり，縦軸のパフォーマンスは変圧器が目標負荷を超過（キャパシティオーバー）し
た回数である．「様々なソースタスク」には，小容量の変圧器，大容量の変圧器，報酬
が異なる条件（同じ条件で事前にトレーニングし，報酬設計が異なる状態に転移させ
たもの，以下，最良の転移とよぶ）が含まれ，「従来の転移学習」は，事前に学習した
30 ヶ月分のデータを初期知識として転移し，一番パフォーマンスを発揮できる設定と
なっている．

　実験結果を見ると，並列転移学習の初期パフォーマンスは比較的悪く，キャパシティ
オーバーの回数が多い．これは，最初はエージェント間で転移する知識がないことが

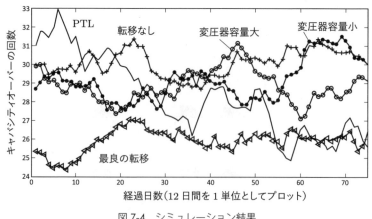

図 7-4　シミュレーション結果

理由であると考えられる．しかし，日を進めていくと最良の転移と同等のパフォーマンスが発現していることが見てとれる．そのほかの実験条件は，パフォーマンスの高低はあるが，PTL や最良の転移のようなパフォーマンスには到達できておらず，日数が経過するごとにパフォーマンスが悪くなっているか，横ばいである．従来の転移学習の有効性は，ソースタスクで獲得した知識がどれだけ優れているかに依存する．PTL や最良の転移以外の実験条件でもパフォーマンスの改善が現れることがあるが，実験結果より，PTL は，学習のための最良のパラメータセットを事前に持っていなくても，マルチエージェントという複雑な実験設定におけるパフォーマンスの改善に貢献できることがわかる．PTL が実装されたシステムのメリットの 1 つとして，起動する前にあらかじめソースタスクを用意する必要がなく，学習を進めればパフォーマンスの改善が現れることから，初期パフォーマンスが悪い状態を結果的に相殺する点があげられる．

7.2 タスク間マッピングの自動化

　転移学習を実行するとき，ソースタスクとターゲットタスクのエージェントにおける状態 S と行動 A のタスク間マッピングが必須であった．タスク間マッピングは事前にユーザが設計して，ターゲットタスクのエージェントに実装しておく必要がある．設計の方針や勘所は，完全に経験と直感に任されていたが，最近ではマッピング設計の自動化が研究されている[15, 39]．

7.2.1 自律的転移学習

　これまで説明してきたタスク間マッピングは，ヒトの直感や経験に依存していた．すなわち，転移学習を行うためには，転移前にヒトの介入が不可欠になることを意味する．これに対して，タスク間マッピングを自動化した**自律的転移学習** (autonomous transfer learning) 手法として Modeling Approximate State Transitions by Exploiting Regression (**MASTER**) が提案されている[40]．MASTER は，ソースタスクとターゲットタスクで収集した状態遷移モデルを比較・学習し，それにより状態 s と行動 a のマッピングを行う手法である．具体的には，次に示す 5 つのプロセスから構成されている．

1. ソースタスクで強化学習すると同時に状態遷移のデータを収集する
2. ターゲットタスクで少量の状態遷移のデータを収集する

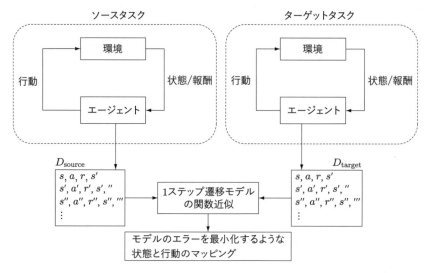

図 7-5　MASTER の概念

3. ターゲットタスクのデータを用いて状態遷移を近似回帰モデルにより学習する
4. オフラインで様々な可能なマッピングを試し，テストする
5. モデルの誤差を最小限に抑えたタスク間マッピングを生成する

MASTER のイメージを図 7-5 に，疑似コードをアルゴリズム 2 に，アルゴリズム中の変数，関数の意味を表 7-2 に示す．

アルゴリズム 2　MASTER の疑似コード

1 **while** ST での学習中 **do**
2 　　エージェントが D_{source} に観測したタプル (s, a, s') を記録
3 **end while**
4 学習した知識の保存
5 **for** TT のいくつかのエピソード **do**
6 　　エージェントが D_{target} で観測したタプル (s, a, s') を記録
7 **end for**
8 $\sum_{D_{\text{target}}} (M_{\text{target}}(s, a) - s')^2$ を最小化するための 1 ステップ遷移モデルの学習
9 **for** ST の状態と TT の状態を 1 対 1 でマッピング, δ_S **do**
10 　　**for** ST の行動と TT の行動を 1 対 1 でマッピング, δ_A **do**
11 　　　δ_S と δ_A を用いて D_{source} を D'_{source} に変換
12 　　　**for** すべてのタプル $(s, a, s') \in D'_{\text{source}}$ **do**
13 　　　　誤差計算: $(M_{\text{target}}(s, a) - s')^2$
14 　　　**end for**
15 　　　$MSE_{(\delta_S, \delta_A)} \leftarrow$ 平均誤差

```
16   end for
17 end for
18 記録された MSE を用いて $\delta_A^{-1}$ と $\delta_S^{-1}$ から $\chi_A$ と $\chi_S$ を作成
```

表 7-2 アルゴリズム 2 の変数・関数

変数・関数	意味
ST	ソースタスク
s	状態
a	行動
D_{source}	ソースタスクのデータ構造
TT	ターゲットタスク
$M_{\text{target}}(s, a) \rightarrow s'$	1 ステップ遷移モデル
D_{target}	ターゲットタスクのデータ構造
$\boldsymbol{S}$	状態の集合
$\boldsymbol{A}$	行動の集合
$\delta_{\boldsymbol{S}}$	状態のタスク間マッピング
$\delta_{\boldsymbol{A}}$	行動のタスク間マッピング
D'_{source}	タスク間マッピングで更新されたソースタスクのデータ構造
$MSE_{(\delta_{\boldsymbol{S}}, \delta_{\boldsymbol{A}})}$	タスク間マッピングを用いて計算された 1 ステップ遷移モデルの平均二乗誤差

　文献 [40] に従って疑似コードの説明をしていこう．アルゴリズム 2 における 1〜4 行目では，エージェントはソースタスクで強化学習を行う．データ構造 D_{source} には，タプルである s, a, s' が記録される．この疑似コードは一般化された記述であるため，データ構造に記録する情報は学習アルゴリズムにより変更する．5〜7 行目では，エージェントが学習せずにターゲットタスクで行動（探査）を行い，少量の探査により，D_{source} と同じように D_{target} を構成する．8 行目では，1 ステップ遷移モデル（s のとき a を実行して s' へ遷移したという記録）$M_{\text{target}}(s, a) \rightarrow s'$ を学習する．モデルは $M_{\text{target}}(s, a) - s'$ が小さくなるように学習し，平均二乗誤差 (Mean Squared Error: MSE) を用いる．ここでの学習では Weka というニューラルネットワークの機械学習パッケージを使用し，関数近似を行っている．つまり，状態 s において行動 a をとったとき，状態 s' に遷移する関係を学習するように構成している．9〜17 行目でソースタスクとターゲットタスクにおける状態と行動それぞれの 1 対 1 マッピングを探し当てる．タスク間マッピング $\delta_{\boldsymbol{S}}$ および $\delta_{\boldsymbol{A}}$ を用いて D_{source} を D'_{source} に変換し[*1]，ここでも $M_{\text{target}}(s, a) - s'$ が小さくなるように学習する．場合によってはソースタスクよりターゲットタスクのほうが状態変数や行動数を多く持つ場合があるので，そのよう

[*1] 本書で用いているタスク間マッピングの記号は χ であるが，ここではソースタスクからターゲットタスクへのマッピングで式 (4.9) と方向が逆であるため，δ を用いている．

なときは 1 対多マッピングになる．最後に 18 行目で，エージェントは生成されたマッピングから，転移学習で使用するタスク間マッピングを作成する．タスク間マッピングが生成できれば，4 行目で保存したソースタスクの知識をターゲットタスクで使用し，転移学習の効果を得ることができる．

7.2.2　シミュレーションによる評価の例

　文献 [40] においては，マウンテンカー問題を採用し，MASTER のパフォーマンスの評価を行っている．マウンテンカー問題の設定は 4.2 節で概説したので割愛する．この実験では 2 次元のマウンテンカー問題と 3 次元のマウンテンカー問題でタスク間マッピングを学習する評価を行っており，強化学習には SARSA(λ) というアルゴリズムを使用している．ソースタスクの 2 次元マウンテンカーでは，100 エピソードの学習を行うと同時に (s_s, a_s, s'_s) を観測し，D_{source} を生成する．次に，エージェントはターゲットタスクの 3 次元マウンテンカー問題で 50 エピソード分のランダム行動を実行し，観測された (s_t, a_t, s'_t) をもとに D_{target} を生成する．事前に 4 種類の異なるパラメータを用意し，Weka によってニューラルネットワークで 1 ステップ遷移モデルを学習させる．行動と状態変数ごとに個別のニューラルネットワークを学習させ，最終的に合計 20 種類の学習済みニューラルネットワークを用意した．

　モデルが完成したら，ソースタスクとターゲットタスクの行動と状態を，考えられるすべてのパターンでマッピングし，それを繰り返す．2 次元マウンテンカー（ソースタスク）の状態は 4.2 節で説明したとおり $(x_s, \dot{x}_s)$ で構成され，たとえば x_s を 3 次元マウンテンカー（ターゲットタスク）の状態 $(x_t, y_t, \dot{x}_t, \dot{y}_t)$ のそれぞれに順次マッピングを試す．同様に，2 次元マウンテンカーの行動 {左} を，3 次元マウンテンカーの {東, 西, 南, 北, 停止} に対して順次マッピングを試す．ここでは，合計 240 パターンのマッピングをそれぞれオフラインで試していく．この結果，たとえば，ソースタスクのタプル $(x_s, \dot{x}_s, 左)$ は，状態変数のマッピングと行動のマッピング

$$
\begin{aligned}
x_s &\rightarrow \{x_t, y_t\} \\
\dot{x}_s &\rightarrow \{\dot{x}_t, \dot{y}_t\} \\
左 &\rightarrow 西 \\
右 &\rightarrow \{東, 南, 北, 停止\}
\end{aligned}
\tag{7.1}
$$

と変換されるとする．右が複数の行動にマッピングされている場合，ターゲットタスクではいずれかの行動（移動方向）を選択する．これらのマッピングから，タプルは

$(x_t, y_t, \dot{x}_t, \dot{y}_y, 西)$ のように変換される．これらの変換されたタプルは，ターゲットタスクの1ステップ遷移モデル（ニューラルネットワーク）の行動に応じて使用される．たとえば西で学習したニューラルネットワークを利用して，ニューラルネットワークからの出力と，ソースタスクで観測した真の次状態と比較して次の状態を予測する．この比較では，すべての行動や状態に対してマッピングが計算され，平均二乗誤差の小さいものどうしをマッピングする．事前にいくつかの条件でニューラルネットワークによるモデルを学習しているため，その中から MSE の値が一番小さいものをタスク間マッピングに使用すればよいことになる．実際の計算例は文献 [40] を参照してほしい．

最後に重要になるのが，タスク間マッピングにおいて，δ_S と δ_A は，あくまでもソースタスクからターゲットタスクへ逆マッピングすることである．つまり，ターゲットタスクのエージェントで観測された情報をソースタスクの知識に入力し，出力結果をターゲットタスクの行動に置き換えて実行する．そのため，δ_S と δ_A を構成するネットワークの逆となる χ_S と χ_A を生成する．アルゴリズム 2 における 18 行目の δ_S^{-1} と δ_A^{-1} はこれを意味する．δ_S, δ_A をタスク間マッピング χ_S と χ_A の形にできたら，方策の再利用を

$$Q(s_t, a_t) = Q_{3D}(s_t, a_t) + Q_{2D}(\chi_S(s_t), \chi_A(a_t)) \tag{7.2}$$

の形で計算する．ソースタスクで学習した結果は $Q_{2D}(s_t, a_t)$ に保存されており，方策の関数近似法としてタイルコーディングの1種である CMAC を用いている．ターゲットタスクのエージェントが知識を再利用する場合は，MASTER で得たタスク間マッピング χ_A, χ_S を使用し，$Q_{2D}(\chi_S(s_t), \chi_A(a_t))$ となる．エージェントはターゲットタスクでの学習を $Q_{3D}(s_t, a_t)$ に対して行い，評価には $Q_{2D}(s_t, a_t)$ を利用しているため，Q 関数の初期化する複写型ではなく，行動ごとに再利用する参照型である．言わずもがな，ここで紹介した方法は価値関数転移型の転移強化学習である．

MASTER を用いた 2 次元マウンテンカーから 3 次元マウンテンカーへの転移学習の結果例を図 7-6 に示す．グラフの学習曲線は 25 トライアルの平均である．「転移なし」は強化学習，「手動」はヒトが手動でタスク間マッピングを設計した状態，「1/MSE」が MASTER を用いた転移学習である．転移なしの学習曲線は学習スタートから比較的緩やかに上昇している．一方，手動はグラフの中で一番よいパフォーマンスを示している．対して 1/MSE は，手動ほどの性能は出ないにしても，ジャンプスタートが発現しており，漸近的な収束も早い[*2]．MASTER によって，マッピングエキスパー

[*2] 1/MSE は行動のマッピングに重みとして MSE の逆数を用いている．

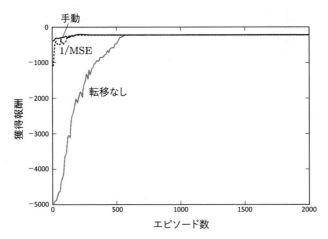

図 7-6 MASTER を用いたマウンテンカーにおける結果

トであるヒトがいなくても，性能のよいタスク間マッピングが可能となることが示された．

　MASTER の課題としては，ターゲットタスクでの探査（D_{target} の生成部分）が少ないため，タスクによっては探査が足りない可能性があることと，ソースタスクとターゲットタスクの類似度が低いと，MASTER を用いた自律的マッピングの適用が困難になる可能性があることである．文献 [40] ではクロスドメイン転移にも触れているが，ドメイン間，タスク間の類似度が低い場合は，手の打ちようがないケースが多いと考えられる．

7.2.3　関連するその他の手法（自動化や省力化）

　関連するその他の手法として，マルチタスク転移学習のフレームワーク COmpliance aware transfer for Model Based REinforcement Learning (COMBREL) が提案されており，iCub というヒューマノイドロボットシミュレータで効果検証が行われている[41]．また，MASTER と関連して，ニューラルネットワークによるタスク間マッピングの自動化も研究されている[42]．これは，ソースタスクで学習した CMAC の重みをニューラルネットワークで学習し，ターゲットタスクの CMAC のタイルの重み初期化に使用するという手法である．手法の有用性は，サッカーロボットシミュレーションの Keepaway で評価されている．

　タスク間マッピングの設計作業省力化という観点では，タスク間マッピングをオントロジでつなげる研究があるが，自動化までは実現できていない[15, 43]．この研究の着

想は，具体的なロボットの仕様を考慮してタスク間マッピングを設計するのが大変なのであれば，抽象化した概念のツリー構造をインターネットに公開し，各自ロボットの設計者に責任をもってマッピングしてもらい，皆で公開・共有しようというものである．

7.3　ロボットの衝突回避問題への適用

　次に，もう少し身近でシンプルな応用例として，障害物回避問題に強化学習と転移学習を用いた研究を紹介しよう[44]．ロボットが移動中に障害物を避ける経路計画問題は古くから存在し，機械学習に限らずかなり多くの研究がなされている．障害物を避けるだけであれば強化学習や転移学習を用いなくても実現可能で，むしろそちらのほうが性能が高い場合があるが，ケーススタディとして見てもらえればと思う．ここでは移動する対象をエージェントとしよう．

7.3.1　問題設定

　障害物回避問題の環境は，図7-7のようなシンプルなものである．エージェントは周囲8方向に移動することができ，ソースタスクでは静的な障害物が1つ配置されている．エージェントはスタート地点からゴールまで障害物を避けながらの行動を深層強化学習 (DQN) する．ターゲットタスクでは環境がより複雑になっており，静的な障害物が，エピソードごとにランダムに2つ配置される．また，障害物の個数や配置だけでなく，障害物が配置可能なエリアも異なる．図では，障害物エリアの大小が表現されている．エージェントが観測可能な状態は画面のピクセル情報で，色で自己位置や障害物などの座標が入力される．ゲームの画面をそのまま学習の入力に使用しているとイメージすればよい．DQN では，強化学習と違い，状態入力の次元や広さを

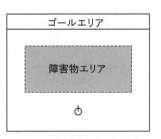

ソースタスク(障害1)　　　　　ターゲットタスク(障害2)

図7-7　障害物回避問題

大きくとれるため，視覚情報の入力のような状態が記述可能となる．

報酬 r は，次式のように設定されている．

$$r = \begin{cases} 200 & （ゴールへ到達） \\ -900 & （障害物に衝突） \\ -1 & （1 行動ごとに） \end{cases} \tag{7.3}$$

エージェントは報酬を受け取ったあと，エピソードの行動履歴などが経験として保存され，DQN で用いられるエクスペリエンスリプレイ[*3]に利用される．この問題は，状態空間の記述さえ注意すれば通常の強化学習でも学習可能である．

7.3.2 方策切り替えによる転移強化学習

この手法で興味深いのは，転移された知識が常に使用されるわけではなく，確率を使って，転移した知識の利用（転移），探査（ランダム選択），ターゲットタスクで得た知識の利用（知識利用）を切り替える点である．p_1, p_2, p_3 をそれぞれ転移した知識を利用する確率，探査の確率，ターゲットタスクで得た知識を利用する確率とすると，これらは次式で与えられる．

$$p_1 = \beta_0 \left(1 - \frac{t}{T_{\text{tran}}} \right) \tag{7.4}$$

$$p_2 = \epsilon (1 - p_1) \tag{7.5}$$

$$p_3 = (1 - \epsilon)(1 - p_1) \tag{7.6}$$

それぞれの確率は次の意味を持つ．

1. **転移の確率** p_1：エージェントは転移された知識により選択された行動を選択する．β_0 は転移のための信念 (transfer belief) であり，転移する知識にどれくらい自信があるかを決めるパラメータである，T_{tran} は転移の終わりを表す値で，転移する期間を決定する．図 7-8 のように，時間が経過するとともに転移の確率 p_1 は小さくなる．図中の T_{expl} は探査の終わりを制御するパラメータで，T_{tran} は T_{expl} より小さく設定する必要がある．

2. **探査の確率** p_2：エージェントは行動をランダムに選択（探査）する．2.5 節で述べた ϵ は，これまで述べてきた ϵ-グリーディ選択と同様に，ランダムに行動

[*3] エクスペリエンスリプレイは，学習とは別にエージェントが行動し，行動履歴（状態遷移）を記録しておき，それらの記録された状態遷移からランダムにサンプルを選び，オフラインで学習する方法である．DQN などの近年の強化学習でよく用いられる手法である．

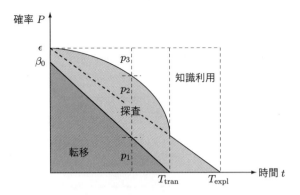

図 7-8　確率変化による方策の切り替え

する確率を制御するパラメータである．しかし，ϵ は任意の値から 0.1 へ減少していく t の関数であり，$\epsilon = 0.1$ となる時間が T_{expl} である．

3. **知識利用の確率** p_3：エージェントは，自身で学習した知識による最良な行動を実行する．

それぞれの確率の変化を時間で見ると図 7-8 のとおりであり，時間とともに転移の

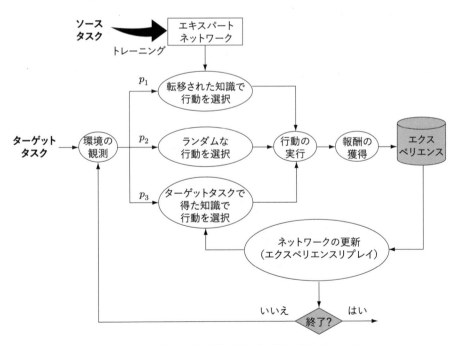

図 7-9　ϵ_T-グリーディ方策を用いた手法の全体イメージ

確率と探査の確率が減少していき，最終的にはターゲットタスクで獲得した知識の利用のみになる．これは ϵ_T-グリーディ方策とよばれる．

ϵ_T-グリーディ方策を用いた手法の全体図を図 7-9 に示す．ソースタスクから転移される知識は，DQN のネットワーク構造で表現されており，エキスパートネットワークとよばれる．ターゲットタスクでは環境状態を観測し，$p_1 \sim p_3$ を選択する．その結果報酬を獲得し，それをもとにエクスペリエンスリプレイで DQN のネットワーク構造を更新する．その後学習が終了していなければ，また環境状態の観測に戻り行動を続ける．

7.3.3 シミュレーションによる評価

実際にシミュレーションした結果を見ていこう．強化学習の学習率 α は 0.001，割引率 γ は 0.99，ϵ ははじめ 1.0 に設定し，最初の 100 万フレーム（1 フレーム＝1 状態）で 0.1 まで徐々に値を小さくしていく．文献 [44] ではこれを「アニーリング（焼きなまし）」とよんでいる．DQN は 5 万フレームで訓練され，合計 5 万エピソードの学習を行うが，1 エピソード＝1 ゲーム（スタートからゴールまで）のように設定されている．転移期間である T_{tran} は最初の 15 万，30 万，70 万，100 万フレームでそれぞれシミュレーションを行う．また，転移の信念である β_0 は今回は 0.9 で設定されている．

結果の学習曲線を図 7-10 に示す．この曲線は指数平滑法を使用してスムージングされており，実際の学習曲線はもっと上下の変動が大きい．エピソード数を繰り返すとどの曲線も獲得報酬値が高くなっていくのがわかる．障害物に衝突するとかなり大きい負の報酬が与えられるため，学習終盤でも報酬値は大きな正の値にはならず，0 に

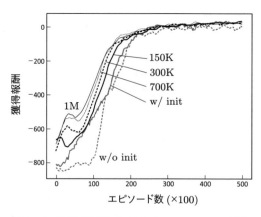

図 7-10　各転移期間におけるパフォーマンスの推移

近くなる．各実験条件である 15 万 (150K)〜100 万 (1M) フレームと比較するために "w/ init" と "w/o init" が用意されている．"w/ init" は，ソースタスクで獲得した知識をターゲットタスクのニューラルネットワークにコピーした状態で転移学習をスタートする，複写型の転移学習に近い構成の実験条件である．転移学習スタート後は，DQN のアルゴリズムで学習を継続する．"w/o init" は，DQN のニューラルネットワークがランダムに初期化された状態で学習をスタートする実験条件であり，1 から強化学習する状態に近い．"w/o init" を基準に考えると，"w/ init" でも転移学習としての効果が少しは現れているといえる．これらのように，学習の効果を評価する際に基本となる実験条件はベースラインケースとよばれる．

"w/ init" と "w/o init" を基準にして各実験条件の学習曲線を見ると，各転移期間が転移学習の学習速度に与える影響がわかる．転移期間が短いということは，ソースタスクで学習した知識が影響する期間が短いことを意味する．図の結果からは，転移期間が長いほど学習のパフォーマンスが高くなりやすいことが現れている．全体的に T_{tran} が長ければよいという単純な傾向が見てとれるが，興味深い結果も現れている．確率 p_1 が選択されるフレーム数が終了する，つまり ϵ が焼きなましで 0.1 に減少する 100 万エピソード付近になると，パフォーマンスが低下している．その後，知識の再利用で獲得したターゲットタスクの知識を使ったり，探査状態も選択したりするため，再度パフォーマンスの上昇が現れている．これは，転移した知識を再利用することで学習初期のパフォーマンスが上がり，その後も自力で学習することでベースラインケースより学習速度が向上していることを表している．獲得報酬 0 付近への到達を基準に考えると，20 万エピソードまでの学習パフォーマンスに転移した知識の再利用が影響を及ぼしていることがよくわかる．文献 [44] では，各実験条件で t が 0〜200 における 10 トライアルの標準偏差を解析しており，やはり学習曲線が上下する傾向が現れている．分散があるということは，各トライアルでパフォーマンスが異なることを示しており，探査過程に入り，その後学習の機能によりパフォーマンスの向上に伴って標準偏差の減少が現れていると考えられる．

なお，文献 [44] ではまとめとして，ベースラインケースと比較すると全体的に学習速度が上がっていると考察しているが，転移期間が長いと学習が遅くなる可能性も指摘している．また，転移期間のチューニングはもちろん必要であり，おそらく問題の難しさや複雑性にも依存する．

7.4 知識再利用度合いの自動調整

次に，転移率として紹介した知識再利用度合いを自動で調整する手法を紹介しよう[45]．最もシンプルな知識再利用の方法は式 (4.7) で示したが，ターゲットタスクの Q テーブルの初期値が 0 の場合，タスク間マッピングを省略すると，式 (4.7) は次式のようにさらに簡略化できる．

$$Q^t(s,a) \leftarrow Q^s(s,a) \tag{7.7}$$

4.5 節で述べたように，このソースタスクの Q テーブルにてターゲットタスクの Q テーブルを初期化する方法を複写型とよぶ．複写型の転移学習の場合，迷路で壁に衝突した場合に負の報酬を与えれば行動価値の書き換えが発生するので，待っていれば新たな経路を学習することが可能である．しかし，再学習の時間は，学習済みの行動価値の大きさや，壁衝突による負の報酬の設定にも依存してしまう．原理的には再学習は可能であるが，ここではもう少し迅速に環境適応する手法を考えよう．また，せっかくソースタスクにて学習して転移した知識をターゲットタスクで書き換えてしまうのはもったいないので，迅速に環境適応でき，かつ，転移する知識にはなるべく手を加えず，今後も継続して再利用可能な形で保持しておきながらいまの学習に悪影響がないように再利用する方法を考えよう．

4.5 節で述べた知識の再利用度合いを調整する転移率 τ は，次式で定義された[28]．

$$Q^t(s,a) \leftarrow Q^t(s,a) + \tau Q^s(s,a) \tag{7.8}$$

転移率 τ，転移効率 ζ, η といったパラメータ設定にはユーザの経験と直感，事前の総当たりでの検証が必要となる．そこで，何らかの方法でこの転移率が自動調整できれば便利なのはいうまでもない．次項から，環境とのインタラクションを通じて，知識の再利用をしないほうがよい場合は転移率を下げ，再利用できる場合は上限の範囲内で転移率を上げていく手法を紹介する．

7.4.1 シグモイド関数を用いた転移率調整

転移率の調整のためにターゲットタスクでのエージェントの行動において観測した環境情報が現在の状態 s と行動後の状態 s' で $s = s'$ となったときには転移率を下げ，逆に $s \neq s'$ のときには転移率を上昇させる手法も提案されている．たとえば，グリッドワールドの最短経路問題においてエージェントが再利用した知識をもとに意思決定した結果，障害物にぶつかりエージェントが動けない状況が $s = s'$ であり，知識を再

利用して行動ができ，そのまま知識の再利用を続けられるという状況が $s \neq s'$ である．また，エージェントが障害物に衝突してもすぐに転移率を下げず，何回も衝突するようであれば転移率を下げるような転移率の調整法が提案されている[45]．この調整法には，次式で定義される**シグモイド** (sigmoid) **関数** $f(\sigma)$ が用いられる．

$$f(\sigma) = \frac{1}{1 + \exp(-\sigma g)} \tag{7.9}$$

ここで，g はゲインで定数である．シグモイド関数は，σ の値を変えることで図 7-11 のような曲線を描く関数である．ゲイン g を小さくすると勾配が小さくなるとともに，波形が非線形から線形に近づいていく．シグモイド関数を導入した知識の再利用は，次式のようになる．

$$Q^c(s,a) = Q^t(s,a) + \frac{1}{1 + \exp(-\sigma g)} Q^s(s,a) \tag{7.10}$$

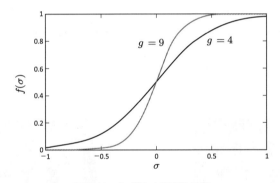

図 7-11　シグモイド関数の例

$Q^c(s,a)$ はターゲットタスクでの行動選択に用いる統合された Q テーブル，$Q^t(s,a)$ はターゲットタスクでの価値更新を行う Q テーブル，$Q^s(s,a)$ は再利用知識である．シグモイド関数が出力する値は σ により変動し，σ が環境とのインタラクションに応じて自動的に変更される．今回の実装においては，次式のように，知識の再利用時に障害物に衝突してエージェントが動けなかった場合，σ を定数 d だけ減算する．エージェントが知識を再利用して移動し続けられる場合は，σ を定数 d だけ加算する．こうすることで，$-1 \leq \sigma \leq 1$ でシグモイド関数の出力値が $0 \leq f(\sigma) \leq 1$ の間で変化する．ここで，定数 d は任意の値である．

$$\sigma = \begin{cases} \sigma + d & (s = s') \\ \sigma - d & (s \neq s') \end{cases} \tag{7.11}$$

評価のため，複写型の転移学習，事前に調整した定数の転移率を用いた手法，シグモイド関数を用いた転移率調整法，シグモイド関数の代わりに線形 (linear) 関数を用いた転移率調整法の計 4 種類の結果を比較する．なお，基本となる比較のデータは，強化学習の学習曲線である．線形関数としては，次のような関数を設定した．

$$f(\sigma) = \sigma \tag{7.12}$$

シグモイド関数と同様に，線形関数の σ も，式 (7.11) により値の更新が行われる．

7.4.2　シミュレーションによる評価

ここでの評価には，本書でシミュレーションを行ったグリッドワールドを用いる．強化学習には Q 学習を採用し，エージェントの移動は，第 3 章と同じく，上下左右方向のみに可能である（図 3-2）．ソースタスクには図 7-12 を用いる．濃い色のセルは強化学習で獲得した最短経路である．ターゲットタスクには図 7-13 を用いる．ソースタスクで学習した経路を妨害するように壁が配置され，ターゲットタスクでの新たな最短経路は濃い色のセルで表示されている．

図 7-12　ソースタスクのグリッドワールド　　　　図 7-13　ターゲットタスクのグリッドワールド
　　　　（→口絵参照）　　　　　　　　　　　　　　　　　（→口絵参照）

ソースタスクでは，強化学習で最短経路の行動価値を獲得しているため，今回のタスク設定としては，いかに早く障害物に衝突する行動の価値を減らして，経路を迂回し，他の学習済み経路に合流できるかが性能差として現れる．

ソースタスクは学習できて当たり前の簡単なタスクであるため，学習曲線は割愛する．まず最初の実験結果として，強化学習の結果と，複写型の転移学習の結果を比較

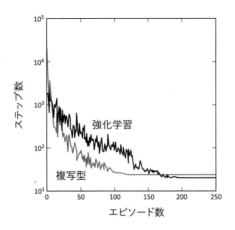

図 7-14 ターゲットタスクにおける強化学習と複写型の転移学習における学習曲線

した学習曲線を図 7-14 に示す．すべての実験条件で学習は 400 エピソード実行して
いるが，全エピソードをグラフに表示すると重要なところが縮んでしまうため，横軸
は適宜調整してある．また，図の縦軸は対数となっているので，こちらも注意が必要
である．ここでは，10 トライアルの平均値を描画している（本節の以降でも同様）．

　グラフを見ると，強化学習は大きいステップ数から徐々に小さくなり，学習が収束
していく様子が簡単に見てとれる．対して，複写型の転移学習は，学習初期はかなり
大きいステップ数を要してゴールまで到達し，行動価値の更新を繰り返したのちに，
20 エピソード付近から強化学習の性能を上回り，学習速度改善が現れていることがわ
かる．しかし，この実験においては，2 つの学習曲線で収束値が異なり，強化学習の
ほうが小さいステップ数に収束している．これは複写型の転移学習で，再利用する知
識がターゲットタスクの学習に負の影響を与えている可能性がある．これらの結果を
まとめると，複写型の転移学習は環境適応ができているものの，学習初期のステップ
数も大きく，総合的に見ると負の転移の状態であるといえる．

　次に，定数の転移率やシグモイド関数を用いた手法，線形関数を用いた手法の学習
曲線の比較を図 7-15 に示す．なお，曲線どうしで重なっている箇所が多かったため，
図ではスムージングフィルタで処理したデータを示している．定数は，事前に検証し
て正の転移が得られる転移率を設定しているため，一番よい結果となる．ジャンプス
タートが発現していることが見てとれ，ターゲットタスクの最短経路ステップ数にも
収束している．一方，シグモイド関数と線形関数は，ジャンプスタートこそ発現して
いるが，収束値が他の実験条件より大きく，最短経路に収束せず振動が発生している．
これは常に転移率を調整していることに起因すると考えられる．すべての実験条件に
おける transfer ratio を表 7-3 に示す．ターゲットタスクでの強化学習を基準とする

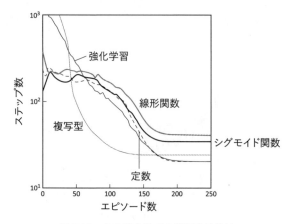

図 7-15 各実験条件での学習曲線比較

表 7-3 Transfer ratio の比較

条件	ステップ数の総和	Transfer ratio
強化学習	47113.6	——
シグモイド関数	33692.8	−0.28
線形関数	36048.4	−0.23
定数	26999.2	−0.43
複写型	54504.8	0.16

と，複写型以外は正の転移が発現している．

　次に，シグモイド関数と線形関数だけで比較してみよう．その 2 つのみを描画した学習曲線を図 7-16 に示す．学習曲線はほぼ同傾向であるが，シグモイド関数を用いた手法のほうが学習速度改善の効果が少し大きく，収束値も小さい．表からもわかるとおり，シグモイド関数を用いた手法のほうが transfer ratio の値がよくなっている．

　各学習曲線の初期 10 ステップの平均を用いてジャンプスタートを比較したグラフを図 7-17 に，数値を表 7-4 に示す．図では，参考までに標準偏差によるエラーバーも表示した（複写型は標準偏差が大きすぎるため描画していない）．Transfer ratio とジャンプスタートの比較から，定数の転移率が一番よい結果となり，次にシグモイド関数と線形関数となっている．シグモイド関数はヒトの設計による転移率にはかなわないものの，手動で転移率調整をしなくても，正の転移を発現させられることが明らかとなった．シグモイド関数と線形関数の比較では，シグモイド関数のほうが転移率はよく，収束も少し早い．ジャンプスタートについては，図からもわかるとおり，統計的な有意差は認められない．複写型は，収束の傾向が早く現れていることが学習曲線からわかるが，transfer ratio が悪く，ジャンプスタートも発現していない．

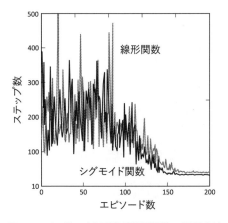

図 7-16　シグモイド関数と線形関数の学習曲線

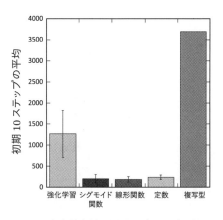

図 7-17　各実験条件におけるジャンプスタートの比較

表 7-4　ジャンプスタートの比較

条件	初期 10 ステップの平均	標準偏差 $(n = 5)$
強化学習	1261.98	551.23
シグモイド関数	201.24	97.59
線形関数	188.14	59.55
定数	238.82	51.95
複写型	3697.46	5243.04

7.4.3　転移率の変動

シグモイド関数によって，転移率が 1 エピソードの中でどのように変化しているのか見てみよう．まず，学習初期（1 エピソード目）のシグモイド関数の出力値をプロットしたものが図 7-18 である．1 ステップ目は転移率の初期値が 1 であるが，再利用している方策を用いて行動を選択して移動していくうちに壁への衝突が発生し，シグモイド関数の出力値の変化によって転移率が変動し，0 まで降下していることが見てとれる．その後，転移率が上下していることから，知識が再利用できるエリアも存在し，ソースタスクとターゲットタスクの環境形状の違いにより適応的に転移率を調整し，ゴールまで到達していると考えられる．シンプルに言い換えると，知識が使えるところは転移率を高くし，知識を使うと移動できない場合は転移率を下げる，という機能が実現されている．もし，再利用知識がまったく使えない場合は，転移率がずっと 0 のまま推移し，結果的に，学習曲線は 1 から強化学習した学習曲線と同等となるはずである．

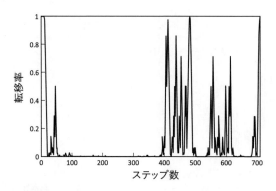

図 7-18　学習初期（1 エピソード目）のシグモイド関数による転移率の変動

　次に，学習終了時（400 エピソード目）の転移率の推移を見てみよう，そのときの
シグモイド関数の出力値をプロットしたものを図 7-19 に示す．エージェントがター
ゲットタスクで新たに行動価値を学習しているため，ソースタスクの知識の再利用を
してもパフォーマンスを発揮できるようになる．学習初期と比較すると緩やかに転移
率が変動しているが，ターゲットタスクでの行動価値が学習された後も転移率が低い
状態まで調整される状態が現れており，これはソースタスクの知識を再利用しないほ
うがよい区間があるためだと考えられる．

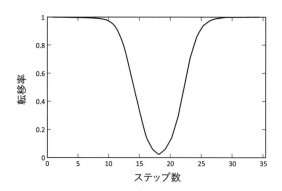

図 7-19　学習終了時（400 エピソード目）のシグモイド関数による転移率の変動

　まとめると，シグモイド関数を用いた自律的な転移率調整法は，ヒトによる転移率
の設定には及ばず，最短経路に収束しない可能性があるものの，環境とのインタラク
ションを通じて自動で転移率を調整し，正の転移を発現させることができる手法であ
ることがわかる．

7.5 知識選択を用いた転移学習

　本章の最後に，**知識選択**を紹介したい．これまで説明してきたとおり，強化学習は，ある環境における最適な行動を学習する．新たな環境に直面した場合，その環境における振る舞いも新たに学習するが，過学習となったり，すでに学習した知識に対して悪影響を及ぼしたりする（行動価値の上書き）可能性もある．機械学習分野では，マルチタスク学習などのように複数のタスクに適応できる学習方法がある．同様に，強化学習では学習した知識を環境やタスクに応じて切り替えるというアプローチが存在する．それが知識選択である．

　この手法は，ヒトの脳内で概念知識がどのように構造化されて保存され，どのように想起される（思い出す）のかをモデル化した**活性化拡散モデル**をヒントにしている[53, 54, 55]．活性化拡散モデルは，図 7-20 のように，概念どうしがパスで接続された意味ネットワークとして保存されている．たとえばヒトの視覚に赤い何かが刺激情報として入力されたとき，脳内では "Red" が想起されるが，同時にそれに関連する色の "Orange" や "Green"，"Yellow" なども想起されやすくなったり（拡散），さらには "Red" という色そのものから "Fire" や "Apples" という概念も想起されやすくなったりするというメカニズムである．概念どうしが接続されているパスの長さにも意味があり，概念どうしの距離によっても想起のされやすさが異なる．この距離は意味的距離とよばれる．

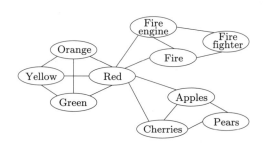

図 7-20　活性化拡散モデルの例[53]

　この活性化拡散モデルを参考に開発された知識選択手法の概念図を図 7-21 に示す．この手法は Spreading Activation Policy network (**SAP-net**) とよばれる．強化学習のメカニズムに知識を保存するストレージが接続され，そのストレージの中では知識がネットワーク構造の接続関係として保存されている．強化学習エージェントへの入力情報が刺激となり，任意の知識を活性化し，それによりパスで接続されている他の知識も活性化されることで，候補となった知識群から転移学習で再利用する知識を選

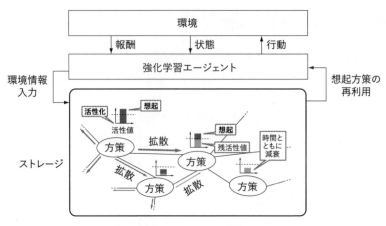

図 7-21 SAP-net[53]

択するという手法である．知識は活性値という変数を持っており，刺激によって活性化した知識の活性値は他の知識に拡散する．さらに，時間経過にともなって活性値の減衰が起こる，忘却のような動作も持ち合わせている．

では，具体的にメカニズムを説明していこう．まず，SAP-net で使用するパラメータを表 7-5 のように定義する．ここでは，知識を方策 π とし，強化学習に合わせた一般的な表記にしている．SAP-net の動作の流れは次のようになっている．

1. エージェントが環境情報をセンサなどにより取得する
2. 取得した環境情報の特徴量（形状や色を想定）を抽出する
3. 学習環境の特徴とともに保存されている獲得済み方策の中から，新たに取得した環境情報の特徴量とマッチしたものの活性値を活性化（上昇）させる

表 7-5 SAP-net で使用するパラメータ

記号	定義
π_i	方策（獲得済み方策ですでにエージェント内に保存されている）
Π	方策集合（方策群）
Π^c	選択候補となる方策の集合
$\mathbb{A}_i$	π_i における活性値
A_a	活性化係数
$\Delta\mathbb{A}_i$	$\mathbb{A}_i$ の減衰係数
T_a	Π から Π^c を作成するための活性値の閾値
T_r	Π^c から再利用方策を選択するための閾値
w_{ij}	π_i と π_j を接続するネットワーク上のパスの重み
w_p	方策再利用結果が正の転移だった場合の重み w_{ij} の調整係数
w_n	方策再利用結果が負の転移だった場合の重み w_{ij} の調整係数

4. 活性化された活性値は，ネットワーク構造上に保存された隣接する方策に対して拡散され，さらに拡散された活性値も，さらに隣接する方策に拡散される
5. 各方策の活性値を参照し，閾値を用いて選択候補となる方策群を選択する（候補が抽出されることを想起とよぶ）
6. 想起された複数の方策を確率的に1つもしくは複数選択する
7. 選択された方策は転移学習のアルゴリズムによりエージェントへ転移される
8. エージェントは選択された方策を用いて行動選択と実行を行う（強化学習）
9. 方策再利用の効果を評価する（正の転移か負の転移か判断する）
10. その評価により，方策のネットワーク構造におけるパスの重みを調整する
11. 1に戻り，方策選択と転移学習（と強化学習）を繰り返す

7.5.1　方策ネットワーク

方策ネットワークでは，初期状態において，過去に獲得された複数の $\pi_i \in \Pi$ が無向グラフ G として構成され，グラフは $G = \{V, E\}$ として定義される．ここで，V はグラフのノード集合であるため $V = \Pi$ となる．E はグラフの辺（エッジ）集合を表し，ここでは方策間を接続するパスの集合である．したがって，グラフで表された方策ネットワークは隣接行列 $A = (G, W)$ で表現する．ここで，G はグラフ，W はパスに付与する重みである．

$w_{ij} \in W$ であり，$w_{ij} \geq 1$ とする．もちろん，w_{ij} が大きい値をとる場合，グラフのパスが長いことを表している．w_{ij} の値がとても大きい場合は，接続関係が切れていると考えることも可能である．グラフ G の初期状態としてはフルメッシュ*4で構成することを想定している．また，すべての方策は活性値 $\mathbb{A}$ をもっている．グラフのノード $v_i \in V$ は $(\pi_i, \mathbb{A}_i)$ として構成され，初期値として $\mathbb{A}_i = 0$ が設定されている．

7.5.2　活性化関数と拡散関数

エージェントへの刺激となるセンサの入力情報の特徴量 s や，任意の方策 π_i とともに保存されている特徴量 s_{π_i} の類似度などが，活性値の閾値 T_a と等しいもしくは上回った場合，当該方策の活性値 $\mathbb{A}_i$ が更新される．このとき，類似度は比較関数 $C(\cdot)$ を用いて計算される．この活性値の更新を行う活性化関数を，次式で定義する．

---

*4　各ノードが自分以外のすべてのノードと接続されている状態.

$$\mathbb{A}_i \leftarrow \begin{cases} \mathbb{A}_i + A_a & (C(s, s_{\pi_i}) \geq T_a) \\ \mathbb{A}_i & (C(s, s_{\pi_i}) < T_a) \end{cases} \tag{7.13}$$

ここで A_a は活性化係数とよばれ，比較関数 $C(s, s_{\pi_i})$ は s と s_{π_i} の特徴量を比較している．比較関数により活性化がなされる方策は，一度に1つでも複数でも問題ない．

活性化関数により活性値の更新（活性化）がなされた方策は，方策ネットワーク内に接続されている他の方策に活性値を拡散する．拡散する側と拡散される側のシンプルなイメージを図 7-22 に示す．もし方策 π_i が活性化され，活性値が $\mathbb{A}_i$ であった場合，隣接する方策 π_j に活性値が拡散され，次式の η_i の分だけ活性値が伝播する．

$$\eta_i = \frac{1}{N} \mathbb{A}_i \exp(-w_{ij}) \tag{7.14}$$

N は，活性値を拡散する側の方策 π_i が持つパスの数である．活性値の拡散では，すべてのパスから活性値が出力され，π_i に接続されている他の方策に拡散される．拡散される活性値を受け取る方策 π_j では，π_i 以外の方策からも活性値の拡散を受け入れるため，π_j の活性値 $\mathbb{A}_j$ は次式のように更新される．

$$\mathbb{A}_j \leftarrow \mathbb{A}_j + \sum_{k=1}^{n} \eta_k \tag{7.15}$$

次に，図 7-23 のように活性値の拡散対象が2つある場合を考える．π_j と π_k は式 (7.14) によって拡散された活性値をさらに拡散する．最初に π_i から活性値が拡散されてきた重み w_{ij} と w_{ik} のパスは，方策 π_j と π_k から見れば入力パスであり，その直後の活性値の拡散（再拡散）には用いない．すなわち，図の例では，π_j と π_k は重み w_{jk} のパスを通じてお互いに拡散しあう．すると，方策 π_j は方策 π_k から拡散活性値 η_l を受け取り，方策 π_k は方策 π_j から η_m を受け取ることになるが，実際には，いずれか一方のみが活性値の拡散を受けるように制限される．この動作を実現するために，η_l

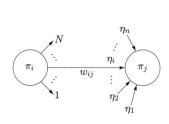

図 7-22 活性値の拡散の例

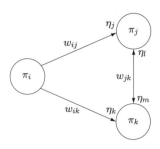

図 7-23 活性値の再拡散の例

の拡散活性値を考えた場合，まず次式で定義する $^{\triangle}\eta$ を考える．

$$^{\triangle}\eta = \frac{1}{N-1}\mathbb{A}_k \exp(-w_{jk}) - \frac{1}{N-1}\mathbb{A}_j \exp(-w_{jk}) \tag{7.16}$$

これは，方策 π_j 自身が出力した拡散活性値と，π_k から受け取る拡散活性値の差を計算しており，拡散活性値の衝突を表す．言い換えると，拡散方向を決定しているともいえる．なお，計算に N でなく $N-1$ が使われているのは，π_i から活性値を受け取ったパスは再拡散に使用しないためである．最終的に，η_l は

$$\eta_l = \begin{cases} ^{\triangle}\eta & (^{\triangle}\eta > 0) \\ 0 & (^{\triangle}\eta \leq 0) \end{cases} \tag{7.17}$$

のように算出する．式 (7.17) は，方策 π_j に再拡散されてくる値のみを考慮する．式 (7.16) からも読み取れるように，π_k から拡散されてくる活性値より π_j が拡散する活性値のほうが大きければ，もちろん $\eta_l = 0$ となる．さらに，η_l と η_m が同じ値である場合も拡散活性値は 0 となる．

　現状，SAP-net がシーケンシャルに動作・計算可能として説明しているが，理想的には各方策の活性値の受け取りと拡散は非同期的・自律分散的に行われる必要がある．しかし，そうなると SAP-net の動作はかなり複雑になる．

7.5.3　想起と方策選択

　再利用方策の選択の前に，活性値 $\mathbb{A}_i$ をもとに選択候補となる方策 π_i を選び出す．ある方策を選択候補群 Π^c に含めるかどうかを $\mathbb{A}_i$ の値をもとに判定する閾値関数 $\mathbb{T}(\cdot)$ を，次式のように生成する．

$$\mathbb{T}(\pi_i) = \begin{cases} \pi_i \in \Pi^c & (\mathbb{A}_i > T_r) \\ \pi_i \notin \Pi^c & (\mathbb{A}_i \leq T_r) \end{cases} \tag{7.18}$$

T_r は閾値で，任意の値を設定する．閾値を超えた活性値を持つ方策が選択候補，すなわち想起される方策となる．ここでは複数の方策が同時に想起されることを許容しない[*5]．選択候補方策群 Π^c から 1 つの方策を選択する際，次式を用いて再利用方策 π_i が選択される確率 $\mathbb{S}(\pi_i)$ を Π^c に含まれるそれぞれの方策について計算する．ボルツマン選択と同様に確率的な選択がなされるが，活性値が大きい方策が選択される可能

[*5] 複数方策の同時想起と同時再利用も重要であると考えられるが，通常，転移強化学習エージェントは 1 つの方策を再利用するメカニズムしか持たないため，方策統合手法などの議論が必要となる．

性が高い.

$$\mathbb{S}(\pi_i) = \frac{\exp(\mathbb{A}_i)}{\sum_{\pi_j \in \Pi^c} \exp(\mathbb{A}_j)} \tag{7.19}$$

　方策の選択は任意のタイミングで実行されるが，ステップごとないしはエピソードごとに選択される．最終的に活性値の大きい方策が選択されやすいので，方策の活性値をすべて検索すれば同様の結果が得られると思われるかもしれないが，そうすると方策数の増大に伴って検索時間が膨大になってしまう．SAP-net を実装する場合，各方策に活性値が閾値を超えるかどうか常に判定するプログラムを動作させ，閾値を超えた活性値を持つ方策が自ら選択候補方策群に登録されるようにするとよい．そうすると，方策選択は選択候補方策群に属する方策の活性値のみを計算するだけで済むため，計算コストの低減が見込める．

7.5.4　活性値の減衰処理

　各方策が持つ活性値は，時間やステップごとに減衰するように構成されている．このメカニズムは，ヒトの忘却現象に着想を得て実装されている．常に活性値が加算されていくと，活性値が時間とともに大きくなっていくため，長期的な学習や運用を考慮し，SAP-net をリフレッシュする必要がある．SAP-net では，次式に示す関数で活性値の減衰を表す．

$$\Delta\mathbb{A}_i = \begin{cases} 0 & (\mathbb{A}_i = 0) \\ d & (\mathbb{A}_i > 0) \end{cases} \tag{7.20}$$

ここで，$\Delta\mathbb{A}_i$ は減衰値であり，方策 π_i の活性値 $\mathbb{A}_i$ の値を減少させる．d は減衰係数で，活性値の減衰量を決定する．活性値を減衰させるための計算は，次式により定義される．

$$\mathbb{A}_i \leftarrow \mathbb{A}_i - \Delta\mathbb{A}_i \tag{7.21}$$

7.5.5　活性化評価

　エージェントが行動している間，SAP-net は方策選択の効果を評価する．方策再利用の結果が正の転移であった場合，現在選択して使用している方策と直前に選択した異なる方策が接続されている SAP-net の重みを小さくする．すなわち，方策ネット

ワークのパスを短くする．負の転移の場合は重みを大きくし，パスを長くする．現在の SAP-net では，重み w_{ij} は行動ごとに評価され，更新がなされる．重みを更新する関数は，次式で定義される．

$$w_{ij} \leftarrow \begin{cases} w_{ij} - w_p & (\text{正の転移}) \\ w_{ij} + w_n & (\text{負の転移}) \end{cases} \tag{7.22}$$

重み w_{ij} は現在再利用している方策 π_i と直前に選択していた方策 π_j を接続しているパスの重みであり，正の転移であっても $w_{ij} < 1$ にはならないように制御される．パスの重みと同様に，活性化された方策の活性値も，行動の結果で評価される．もし負の転移が発現した場合，たとえば障害物へ衝突してしまった場合は，ペナルティとして活性値を減少させる．この評価関数は，以下のように定義される．

$$\mathbb{A}_i \leftarrow \begin{cases} \mathbb{A}_i - A_p & (\text{負の転移}) \\ \mathbb{A}_i & (\text{正の転移}) \end{cases} \tag{7.23}$$

式 (7.22), (7.23) により，選択した方策が現在の学習に悪影響を及ぼした場合は，今後選択しないように徐々にパスの長さや活性値が調整される．

7.5.6 実験例

第 3, 5 章で用いたグリッドワールドの最短経路問題に SAP-net を使用した例を紹介しよう．詳細なパラメータ設定は文献 [53] を参照してほしい．主な実験環境として，図 7-24 に示すグリッドワールドを用い，エージェントは，ソースタスクとして図 7-25 や図 7-26 のようなスタート地点とゴールの近い環境で学習をしておく．実は図 7-25 は，図 7-24 の環境の最短経路の部分解となるようにセットアップしてある．対して図 7-26 は，図 7-24 の環境と形状は類似しているが，最短経路と経路を共有しない，関係のない経路の学習となっている．エージェントには有益な方策と無益な方策を合わせて 100 個持たせており，それらをネットワークとして SAP-net を構成している．この実験の目的は，方策選択することですでに学習した有益な部分解を選択し，ターゲットタスクとなる図 7-24 の環境で，通常の強化学習より早く最短経路を発見することである．この実験において，SAP-net に入力される刺激となる特徴量は，図 7-24 に示されている学習エージェントの視野の範囲内における障害物配置や通路の情報である．もちろん，方策にも障害物配置情報が事前に記録されている．

まずは比較手法の実験結果として，SAP-net を用いない，強化学習の学習曲線（転移なし），有益な方策 1 つをエージェントが転移学習した学習曲線（有益な方策），意

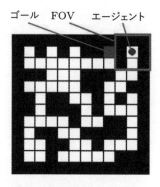

図 7-24 実験環境の全体像（ターゲットタスク）

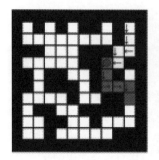 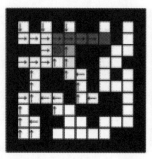 

図 7-25 有益な方策の例（→口絵参照）

図 7-26 無益な方策の例（→口絵参照）

図的に無益な方策 1 つをエージェントに持たせた学習曲線（無益な方策）を図 7-27 に示す．転移なしを基準に見ると，有益な方策はジャンプスタートが発現しており，さらに収束も早い傾向が見てとれる．これは明らかにエージェントが有益な方策を使用できる状況だからであろう．一方，無益な方策は，学習初期のパフォーマンスは転移なしと同様であるが，学習途中から最適解への収束傾向から逸脱し，静的環境であるにもかかわらず最適解を学習できていない．

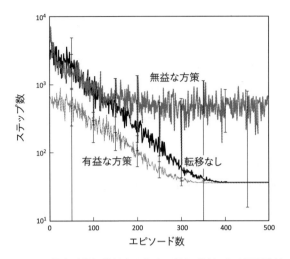

図 7-27　提案手法と比較するための従来手法による学習曲線

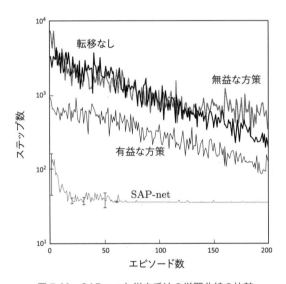

図 7-28　SAP-net と従来手法の学習曲線の比較

　次に，図 7-27 に示した 3 つの学習曲線はそのままに，SAP-net を用いた転移学習で出力された学習曲線を追加したグラフを図 7-28 に示す．SAP-net の学習曲線のみ 10 トライアルの平均と標準偏差を描画しているが，他の 3 つの学習曲線と比較しても大きなジャンプスタートが発現し，学習速度改善も発現している．極端によい性能が現れたのは，最短経路問題に対して選択されるべき方策が部分最適解となっており，また問題設定が簡単であったからと考えられる．

　学習曲線以外にも，学習終了時における各方策の活性値の状態を見てみよう．図7-29は，SAP-netを用いた学習を500エピソード実行し終えた状態での活性値を示している．実験は10トライアル行い，エラーバーは標準偏差である．有益な方策に付した番号の方策の活性値が大きくなっていることや，各トライアルにおいてばらつきはあるが，再現性があることも確認できた．また，無益な方策もいくつか活性値が上昇しているが，想起されるほどの活性値となっていない．そのため，SAP-netは，ターゲットタスクという新たな環境に対して，すでに獲得済みの方策を選択可能であることが示されている．SAP-netに保存されるソースタスクの方策は，ターゲットタスクの部分解で，有益なものを含んでいる必要がある．

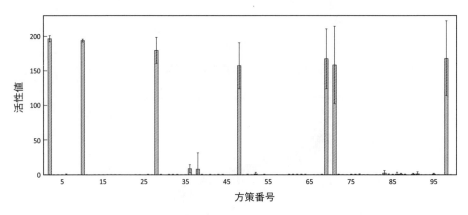

図7-29　ターゲットタスク終了時のSAP-netにおける各方策が持つ活性値

　転移強化学習における知識選択には他のアプローチもあり，有名どころではprobabilistic policy reuseがある[50, 51]．他にもforbidden rule setsによる方策選択[27]や，すでに紹介した並列転移学習でも，どの知識を転移するか選択するメカニズムが議論されている[52]．

CHAPTER

8

完全な自律的転移強化学習に向けて

本書では，ごくごく初歩的でシンプルな問題設定で強化学習と転移学習のシミュレーションを実行し，それらについて解説してきた．機械学習の種類によって転移学習のセットアップはまったく異なるが，転移学習が目指す目的や概念は一緒であるといえる．その分抽象的な議論も多く，効果もまちまち（場合による）であるが，著者は，転移強化学習分野が，今後の機械学習分野の発展に貢献すると考えている．今後の応用・発展が大いに期待される．

本書のまとめとして，最後に転移強化学習技術の今後について述べたい．これまで紹介してきた転移強化学習技術は，何かしらヒトの介在が必要であった．それらは経験と直感に依存し，転移強化学習の実用化への大きな障壁となっている．そのため，ヒトが介在する全プロセスの自動化を目指すという流れは自然であろう．Taylor らは，完全な自律的転移強化学習のために，次に示す 3 つのゴールをすべて達成する必要があると述べている[16]．

Taylor らによる自律的転移強化学習

- 適切なソースタスク（の知識）の選択
- ソースタスクとターゲットタスクの関係性の学習
- 効果的なソースタスクからターゲットタスクへの転移

本書で紹介した手法と関連付けると，1 つ目には，7.5 節で論じた知識選択，2 つ目にはタスク間マッピングの学習などが該当する．3 つ目については本書では取り扱っていないが，知識の抽象化や異なる学習アルゴリズム間での転移などが考えられる．私見も含め，上記の 3 つの要素を本書で紹介した技術になぞらえて，少し具体的にアレンジし紹介する．

自律的転移強化学習

- 自律的な再利用知識の選択手法の実現
- 自律的なタスク間マッピング手法の実現
- 自律的な知識の再利用度合い調整や知識どうしの統合手法の実現

　1つ目は知識選択の話で，Taylor らが述べている適切なソースタスクの選択は，どちらかというとソースタスクとターゲットタスクでの学習中にオフラインで実行される色が強いが，著者は，知識選択はターゲットタスクでの学習中オンラインで実行するのがよいと考えている．ターゲットタスクの学習途中で知識が使えないと判明したら即座に使用を中止し，他の知識を選び直すほうが知能の振る舞いとして自然だと考えられるからである．2つ目は，具体的にタスク間マッピングという用語を用いて言い換えただけである．3つ目は，効果的な転移を実現するために，再利用度合いを自在に調整して環境適応性能を向上させようという主張である．また，1つの知識を転移するだけでなく，複数の知識を同時に転移させ，知識同士の結合（単純な行動価値の和や加重平均などが考えられる）も行えると，より多様な知識活用が実現できると考えている．

　個別のテーマとしては，前章までに紹介している研究でカバーされているが，それぞれの研究や手法が統合されるにはまだ時間がかかるだろう．そのため，今後はバラバラのピースを集めてくっつける技術を開発するか，すべてを包括する新たな理論を検討する必要がある．転移学習で開発・実装するプログラムは強化学習アルゴリズムやタスク設定などに強く依存するため，完全な自律的転移強化学習の一般論を構築するのは難しいところである．今後も研究開発の動向に着目する必要がある．転移強化学習の応用を考えた場合，少なくとも様々な研究や手法が統合・統一的に記述できるような理論が発見されるまでは，今後も他の分野の融合，とりわけ社会科学や認知科学などの協力を得る必要があるだろう．しかし，あまりに様々な理論・技術・テクニックを融合をすると効果に対して支配的な要素が何なのかわからなくなるので，オッカムの剃刀[*1]のように，本当に必要な理論や技術のみを慎重に検討・検証し統合する必要があるだろう．

---

*1 事実を説明するためには，必要以上に多くの仮定を立ててはいけない，という哲学者オッカム (Ockham) の名言．

APPENDIX

プログラム実行環境の準備

A.1 環境セットアップ

本書では，Python というプログラミング言語を用い，統合開発環境に PyCharm[18]，強化学習に Q 学習[7] を用いる．また，本書のシミュレーションは Windows OS で実行することを前提としている．Linux で挑戦される読者は，Python や PyCharm のインストール，パーミッションなどの設定に気を付けてセットアップしよう．

A.1.1 パソコンの用意

シミュレーションで用いるパソコンは，そこまで高性能であることを要求しないが，標準的に Windows10 で CPU も比較的最近の Core i シリーズ相当，メモリは 8 GB 以上あると安心だろう．グラフィックボードを搭載しているとなおよいが，必須ではない．近年 GPU は Intel CPU であれば内蔵されており，高性能ではないながらも，本書のシミュレーションを実行する分には十分な性能を有している．参考までに，必要な性能を以下にまとめた．

- OS：Windows 10 (64bit)
- CPU：Intel Core i シリーズ相当の性能以上を推奨
- メモリ：8 GB 以上を推奨
- GPU：搭載されていればなんでもよい

HDD や SSD などのストレージ容量はそれほど気にしなくてもよいだろう．現在流通しているパソコンであれば，極端に安いものでなければプログラムなどは保存・実行可能である．

A.1.2 Python のインストール

最初に，Python 本体をパソコンにインストールする．以下の URL から最新版が
ダウンロードできる．Python 3.6 や 3.7 で動作確認をしているが，本書で用いたのは
Python 3.7.9 - Aug. 17, 2020 である．

https://www.python.org/downloads/

上記のサイトではトップページに最新バージョンが出てくるが，3.7 系を探してイン
ストールするとよいだろう．とくに，Windows x86-64 executable installer が便利
で，それをダウンロードしインストーラ（手順）に従いインストールを完了させる．イ
ンストーラを起動すると，最初に図 A-1 のような画面が表示される．"Install launcher
for all users" と "Add Python 3.7 to PATH" は選択しておこう．とくに後者は，こ
こでチェックしておくと自身で登録作業をしなくてよいので楽である．

図 A-1　Python 3.7.9 の excecutable installer を起動した画面

A.1.3 開発環境のインストール

プログラミングを行う環境として，PyCharm という Python 言語の統合開発環境
を用いることにする．Python の開発やロボット実装においては，統合開発環境を使
用しないケースも多い．とくに，ROS を使用する場合は，テキストエディタとコマ
ンドラインのウィンドウをたくさん開き作業することが多いようである．著者は，実
装前の作業はなるべく統合開発環境を用い，入力ミスやプログラム構造の可視化を容

易にすることを心掛けている．PyCharm の Communitiy Edition であれば，下記の
URL から最新版を無料でダウンロードできる．

https://www.jetbrains.com/ja-jp/pycharm/

もし，バージョンアップや機能の廃止等で PyCharm のインストールが無事に終了
しなかった場合は，Web 上に情報があるため，それらを参考にインストールしてほし
い．デフォルトでは 64bit のバージョンがインストールされるようになっている．ち
なみに，本書で使用した PyCharm のバージョンは 2021.1.2 である．インストールの
途中で図 A-2 のような画面が表示されるので，図のとおりチェックをしてインストー
ルを行おう．なお，バージョン 2021.1.2 では，インストール完了後に再起動を要求さ
れる．

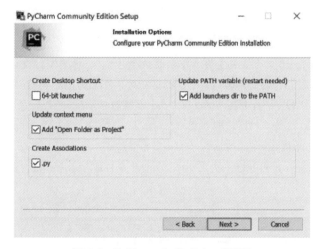

図 A-2　PyCharm のインストール画面

A.2　プロジェクトの作成

PyCharm がダウンロードできたら，ウィザードに従ってインストールを行い，無
事に終了したら次のプロジェクト作成を始めよう．インストールした PyCharm をス
タートメニューなどから開き，図 A-3 の画面が表示されたら "New Project" をクリッ
クしよう．初回の起動では "Import PyCharm Settings" と表示されるかもしれない
が，その場合は "Do not import settings" を選択してかまわない．また，"Untrusted
Server's Certificate" という画面が表示されたら，"Accept" を選択して問題ない．

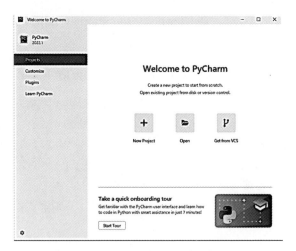

図 A-3　PyCharm の起動画面

　次に，図 A-4 のような画面が開いたら，"Location:" にハイライトで表示されてい
る "pythonProject" のところを好きな名前に変更する．本書ではプロジェクト名を
"rlSim_v1r0" としたので，のパスやプロジェクト名は rlSim_v1r0 で表示されてい
る．読者の皆さんは，それぞれのプロジェクトが識別できるような好きな名前を入力す
るとよいだろう．また，初期状態では "Create a main.py welcome script" のチェッ
クボックスが ON になっているが，クリーンな状態からスタートしたいのでチェック
を外しておこう．一度外せば，次にプロジェクトを作成するときは自動的にチェック

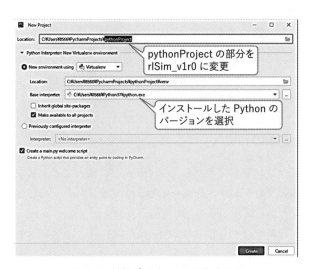

図 A-4　新規プロジェクトの作成画面

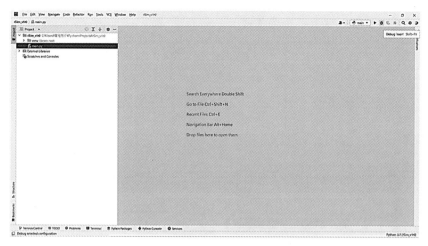

図 A-5　プロジェクト作成後の初期画面

が外れている．プロジェクトが無事作成されると，図 A-5 のような画面となる．

　Python のバージョンが複数インストールされている環境や，同一マシン上で複数の開発環境などを使用している場合，図 A-4 の "Base interpreter" が先ほどインストールした Python のバージョンになっていないかもしれない．適宜，適切なバージョンを指定しよう．ここで指定されている実行ファイル Python.exe をベースに，作成するプロジェクトの仮想環境に Python がコピーされる．

　ここまで完了したら，一度作成したプロジェクトフォルダを確認しておこう．フォルダ（パス：C:\\Users\hogehoge\PycharmProjects\rlSim_v1r0）には，自動で下記のフォルダが作成されているはずである．

- .idea
- venv

どちらも重要なフォルダなので，決して削除してはいけない．さらに，プログラムを動作させるために以下のフォルダを新規作成しておく．フォルダ内は空でかまわない．

- source

フォルダ名のスペルを間違えるとシミュレーションが動作しないので注意すること．これらのフォルダは，シミュレーション結果を保存したり，転移学習時に再利用する知識データが入ったファイルを保存するためのフォルダである．

A.3　プログラムファイルの作成

PyCharm までのセットアップが完了したら，プログラムを記述するファイルを作成していく．図 A-6 のように PyCharm 上の左ウィンドウに表示されているプロジェクトフォルダ (rlSim_v1r0) を右クリックして [New]→[Python File] を選択し，図 A-7 のファイル名入力で任意の名前を入力する．この例ではわかりやすく main.py としている．

図 A-6　Python ファイルの作成

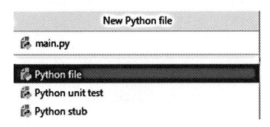

図 A-7　ファイル名の入力

ここまでできたら，動作確認用のプログラムを入力してみよう．ここでは複雑なプログラムを作らず，コード A.1 を PyCharm のエディタ領域に入力しよう．

コード A.1　hello world

```
1  print('hello world')
```

入力できたら，PyCharm の [Run] メニューから [Run...] を選択する．ダイアログが表示されるため，[main] を選択する．すると，以下のように PyCharm の下部に "hello world" の文字列と "Process finished with exit code 0" と表示されて正常終了する[*1]．これで，基本的な実行環境は整った．

```
hello world

Process finished with exit code 0
```

A.4 ライブラリのダウンロード

シミュレータは Python のインタプリタをインストールしただけでは動作せず，ライブラリを別途インストールし，プログラム中で import する必要がある．本シミュレータでは，以下に示すライブラリを使用する．カッコ内は執筆時に動作確認がとれている各ライブラリのバージョンである．

- matplotlib (3.4.2)
- numpy (1.21.0)
- pygame (1.9.6)

pygame のバージョン 1.9.7 以降においては，本シミュレーションがうまく終了できない場合がある．そのため，旧バージョンである 1.9.6 をインストールしてほしい．

通常，Python 環境でライブラリをインストールするには，Windows のコマンドプロンプトで pip というコマンドを実行するのが一般的である．しかし，PyCharm では開発環境上でインストール可能なライブラリの検索やインストールが GUI で提供されている[*2]．

PyCharm で [File] から [Settings...] を選択し，Settings ウィンドウが開いたら，左メニューの [Project: rlSim_v1r0] を開き，[Project Interpreter] を選択する（図 A-8）．すると，現在インストールされているライブラリのパッケージが表示さる．著者の環境では，以下の 3 つがすでにインストールされていた．

- pip

[*1] 基本的に，code 0 以外で終了した場合は，何かしらのエラーや処理異常が起こっている．著者はプログラムを書くのが下手なので，よく code 0 以外がリターンされる．

[*2] 本書のような PyCharm を利用した開発の場合，仮想環境上に各ライブラリをインストールするので，プロジェクトを新規に作成するたびに必要なライブラリをすべてインストールし直す必要がある．面倒に感じるかもしれないが，各プロジェクトで異なるバージョンのライブラリを使い分けることができ，便利なこともある．

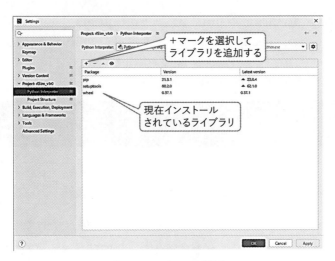

図 A-8 Settings の画面

- setuptools
- wheel

ライブラリを追加するためには，"Package" の左上にある＋マークをクリックし，Available Packages の画面で虫眼鏡マークの欄にインストールしたいライブラリの名前を入力する．すると，インストール可能なパッケージ一覧が表示されるため，所望のパッケージを選択し，ウィンドウの下にある [Install Package] をクリックすると，PyCharm 上の仮想環境（プロジェクト）にパッケージがインストールされ，プログラム中で import が可能となる．環境によってはライブラリのダウンロードやインストールに時間を要するため，Pycharm 画面右下のインストールステータスを適宜参照されたい．インストール中は，選択したパッケージ名の横に "installing" という文字が表示される．インストールが完了すると，図 A-9 のように，ウィンドウ下に "Package 'xxx' installed successfully" と表示されるはずである．必要なライブラリを検索してパッケージを順次インストールすると，本書における強化学習を実行するための準備が完了する．

ここで，pygame については，図 A-10 のように "Specify version" をチェックし，ドロップダウンリストから 1.9.6 のバージョンを指定してライブラリをインストールしてほしい．もし，matplotlib や numpy の最新バージョンで本書のシミュレーションが動作しない場合は，インストール済みのパッケージを Settings の画面でアンインストールし，pygame と同様に動作確認済みバージョンを指定してインストールしてほしい．

図 A-9　matplotlib のインストール完了時画面

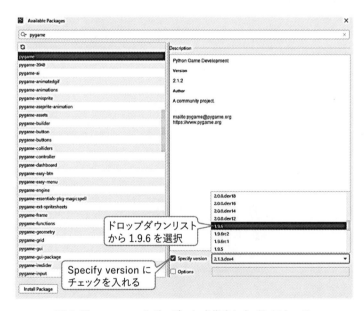

図 A-10　pygame のバージョンを指定したインストール

A.5　プログラムの準備

サンプルプログラムは，以下の Web サーバで公開されている．

https://www.morikita.co.jp/books/mid/085661

PyCharm 上で先ほど作成した main.py を開き，hello world のプログラムを削除して，上記の URL からダウンロードしたフォルダを解凍し，強化学習シミュレーションを行う場合は RL フォルダ，転移学習シミュレーションを行う場合は TL フォルダのソースコードをペーストすると作業完了である．

あとがき

　本書を書き始めた理由の1つに，日本語での転移学習の書籍がなかったことがある．しかし，機械学習における転移学習を本書で網羅的に扱うことは著者の勉強不足により叶わず，研究で取り扱っている「強化学習における転移学習」に的を絞って内容をまとめた．転移学習は抽象的・概念的なものなので，うまく説明できているかわからないが，本書の情報が読者諸賢の趣味や勉強，研究，業務などに少しでも貢献できれば幸いである．また，各パートに関連する専門家からすると不正確な表現も多々見受けられると思う．寛容に見ていただけると幸甚である．本書で使用している Python のプログラムは著者やその関係者がこつこつと機能追加を行ってきたものである．さらに，オリジナルは著者の作成した C 言語で書かれたマルチエージェント強化学習シミュレータである．そのため古風な（？）書き方があったり，Python に最適化されていなかったりする点があると思う．こちらについてもご容赦されたい．

　転移学習との出会いは，著者の会社員時代にさかのぼる．著者は修士課程で RoboCup サッカーの中型リーグに参加していた．就職したあとも，休日を利用して大学の研究室にお邪魔し，懲りもせずサッカーロボットの開発を行っていた．そんなある日，後輩たちと秋葉原のアイリッシュパブで立ち飲みしていたとき，「もう行動ルールを1から書くんじゃなくて，ロボットが経験からなんとなく勘で動いてほしい！」と夢のある話をしていた．これが強化学習や転移学習の研究を行うきっかけとなり，著者にとっての大きな転機にあった．これは 2010 年くらいのエピソードである．彼らとの議論がなかったら，著者は知能ロボット研究を始めることはなく，本書を書くこともなかっただろう．持つべきものはよき後輩である．その後大変お世話になった会社を退職し，博士課程で知能ロボットに関する研究を開始した．手始めにマルチエージェント強化学習から着手し，そこから当時は比較的新しい手法であった強化学習における転移学習に研究テーマがシフトしていった．2022 年現在は「ロボットの勘の実装」というコンセプトで研究を行っているが，このキーワードを思いついたのは，黒田亮先生の『勘の研究』という書籍[64]が紹介されていたのがきっかけであった．実は博士課程の研究は修士課程までの研究と大分異なっていたため，新たな研究テーマを受け入れていただいた指導教員の鈴木剛先生（東京電機大学）には感謝してもしきれない．

博士課程在学中，神村明哉先生，富田康治先生（ともに産業技術総合研究所）のお二人にも強力なご支援をいただき，様々な知識・技術を授けていただいた．博士号取得後に就職したのが淺間一先生や山下淳先生（ともに東京大学）の研究室である．東京大学では特任研究員として災害対応ロボティクスのプロジェクトに従事していたが，本務と同時並行で心理学の博士である温文先生（東京大学）や鈴木先生と議論し，活性化拡散モデルをロボットへ実装するアイデアが生まれ，科研費に採択された（7.5 節を参照）．本務外の研究に対しても心よく OK を出していただいた淺間先生と山下先生にも本当に感謝の念しかない．最近では藤井浩光先生（千葉工業大学）にも参画いただき，今後も研究するのがより楽しみなテーマとなった．秋葉原のアイリッシュパブで議論した「ロボットへの勘の実装」という研究テーマの第一歩をようやく踏み出せたような気がする．

　本書の内容にも関連しているが，上では紹介しきれなかった次の方々にも感謝しなければならない．強化学習や転移学習のシミュレータ開発で貢献してくれた田代淳史氏，村田雄太氏，高桑優作氏，伊藤祐希氏，郡司拓朗氏，池田悟氏，大津亮二氏，坂本裕都氏，佐藤弘和氏，本書のチェックを手伝ってくれた鈴木大貴氏．大学院講義の受講者諸君，英知事業（後述）で災害対応ロボットに強化学習や転移学習を応用するというチャレンジングなテーマにお付き合いいただいている池勇勳先生（北陸先端科学技術大学院大学）と藤井先生．長い間異分野融合の研究の相談に乗ってくれている入社同期でよき友の朝倉隆道先生（広島大学）．その他多くの方のご支援があって本書ができあがっている．本当に感謝申し上げる．

　森北出版の丸山隆一様と宮地亮介様にも感謝の念しかない．最初に本書の執筆のお話をいただいた丸山様と相談を始めたのが 2018 年夏頃で，出版まで約 4 年もの歳月が経ってしまった．本書の構成や掲載するコンテンツの議論を何度も行っていただいた．宮地様には出版まで著者の稚拙な文章を根気強く修正・コメントいただき，おかげさまで何とか出版までたどりついた．

　また本書は，次に示す研究資金により実施した研究の成果の多くを掲載している．科学研究費補助金（挑戦的萌芽研究）課題番号 16K12493，（若手研究）18K18133，（基盤 C）19K12173，英知を結集した原子力科学技術・人材育成推進事業（若手研究）30I107，31I037，R02I015，公益財団法人スズキ財団平成 29 年度科学技術研究助成，令和元年度若手科学技術研究助成．助成していただいたことにこの場を借りて感謝する．

　最後に，妻と娘にも深く感謝する．本書の執筆はほとんどの時間を土日で確保しており，ただでさえ平日も自宅にいる時間が少ないのに土日も家を空けてしまった．さらにわが母や亡き父にも感謝しながら，このあたりで筆を擱くことにしよう．

参考文献

[1] 神嶌敏弘, 転移学習, 人工知能学会誌 25.4 (2010): 572-580.

[2] B. F. Skinner, A case history in scientific method. American Psychologist, 11(5): 221–233, 1956.

[3] R. S. Sutton and A. G. Barto, Introduction to reinforcement learning. Vol. 135. Cambridge: MIT press, 1998.

[4] 三上貞芳, 皆川雅章（訳）, R. S. Sutton and A. G. Barto（著）, 強化学習, 森北出版, 2000.

[5] 森村哲郎, 強化学習, 機械学習プロフェッショナルシリーズ (MLP), 講談社, 2019.

[6] 久保隆宏, Python で学ぶ強化学習―入門から実践まで―, 機械学習スタートアップシリーズ (MLS), 講談社, 2019.

[7] C. J. C. H. Watkins and P. Dayan, Q-Learning, Machine Learnnig, 8: 279–292, 1992.

[8] E. L. Thorndike and R. S. Woodworth, The influence of improvement in one mental function upon the efficiency of other functions. Psychological Review, 8: 247–261, 1901.

[9] 白石始, 認知科学と学習科学における知識の転移, 人工知能学会誌, 27(4): 347–358, 2012.

[10] Q. Yang, Y. Zhang, W. Dai and S. J. Pan, Transfer Learning, Cambridge University Press, 2020.

[11] S. J. Pan and Q. Yang, A survey on transfer learning, IEEE Transactions on knowledge and data engineering 22(10): 1345–1359, 2010.

[12] D. Sarkar, R. Bali and T. Ghosh, Hands-On Transfer Learning with Python: Implement advanced deep learning and neural network models using TensorFlow and Keras, Packt Publishing, 2018.

[13] M. E. Taylor, Transfer in Reinforcement Learning Domains (Vol. 216). Springer, 2009.

[14] A. Lazaric, Transfer in Reinforcement Learning: A Framework and a Survey, Reinforcement Learning. Adaptation, Learning, and Optimization, Springer, 12: 143–173, 2012.

[15] 河野仁, 村田雄太, 神村明哉, 富田康治, 鈴木剛, ヘテロジーニアスな複数台自律エージェントによる階層的な転移学習, 計測自動制御学会論文集, 51(6), 409–420, 2015.

[16] M. E. Taylor, and P. Stone, Transfer learning for reinforcement learning domains: A survey, Journal of Machine Learning Research 10(Jul): 1633–1685, 2009.

[17] M. E. Taylor and P. Stone, An introduction to intertask transfer for reinforcement learning, AI Magazine, 32(1): 15–34, 2011.

[18] JET BRAINS PyCharm, https://www.jetbrains.com/ja-jp/pycharm/ (2022 年 7 月アクセス).

[19] 中出康一, マルコフ決定過程―理論とアルゴリズム―, コロナ社, 2019.

[20] 大平徹, 確率論 講義ノート―場合の数から確率微分方程式まで―, 森北出版, 2017.

[21] 松原望, 入門確率過程, 東京図書, 2003.

[22] 牧野貴樹, 澁谷長史, 白川真一（編著）, 浅田稔, 麻生英樹, 荒井幸代, 飯間等, 伊藤真, 大倉和博, 黒江康明, 杉本徳和, 坪井祐太, 銅谷賢治, 前田新一, 松井藤五郎, 南泰浩, 宮崎和光, 目黒豊美, 森村哲郎, 森本淳, 保田俊行, 吉本潤一郎（著）, これからの強化学習, 森北出版, 2016.

[23] Reinforcement Learning FAQ: Frequently Asked Questions about Reinforcement Learning, http://incompleteideas.net/RL-FAQ.html (2022 年 7 月アクセス)

[24] L. Gasser, N. Rouquette, R. W. Hill and J. Lieb, Representing and using organizational knowledge in distributed AI systems, Distributed Artificial Intelligence, 2: 55–78, 1989.

[25] M. Tan, Multi-Agent Reinforcement Learning Independent vs. Cooperative Agents, in proceeding of the Tenth International Conference on Machine Learning, 330–337, 1993.

[26] M. J. Matarić, Reinforcement Learning in the Multi-Robot Domain, Autonomous Robots, 4: 73–83 1997.

[27] T. Takano, H. Takase, H. Kawanaka, H. Kita, T. Hayashi and S. Tsuruoka, Transfer Learning based on Forbidden Rule Set in Actor-Critic Method, International Journal of Innovative Computing, Information and Control 7(5(B)): 10, 2011.

[28] 田代淳史，河野仁，神村明哉，富田康治，鈴木剛，ヘテロジーニアスなエージェント間での転移学習のための知識再利用法の効果，第 16 回計測自動制御学会システムインテグレーション講演会，2172–2175，2015.

[29] 高野敏明，同一エージェント間における転移学習を用いた強化学習の高速化に関する研究，博士論文，三重大学，2013.

[30] S. Arai and Y. Ishigaki, Information Theoretic Approach for Measuring Interaction in Multiagent Domain, Journal of Advanced Computational Intelligence and Intelligent Informatics, 13(6): 649–657, 2009.

[31] T. Ito, H. Kono, Y. Tamura, A. Yamashita and H. Asama, Recovery Motion Learning for Arm Mounted Mobile Crawler Robot, Proceedings of the in Drive System's Failure, 20th World Congress The International Federation of Automatic Control, 2365–2370, 2017.

[32] M. Fumagalli, G. Bella, S. Conti and F. Giunchiglia, Ontology-Driven Cross-Domain Transfer Learning. 11th International Conference on Formal Ontology in Information Systems, 11th International Conference on Formal Ontology in Information Systems, 249–263, 2020.

[33] 河野仁，転移学習における方策再利用法の技法と比較，東京工芸大学工学部紀要，40(1): 79–84, 2017.

[34] A. Taylor, I. Dusparic, E. Galván-López, S. Clarke and V. Cahill, Transfer learning in multi-agent systems through parallel transfer, 30th International Conference on Machine Learning, 2013.

[35] A. Taylor, I. Dusparic, E. Galván-López, S. Clarke and V. Cahill, Accelerating learning in multi-objective systems through transfer learning, 2014 International Joint Conference on Neural Networks (IJCNN), IEEE, 2014.

[36] A. Taylor, Parallel Transfer Learning: Accelerating Reinforcement Learning in Multi-Agent Systems. Ph.D Doctral thesis, University of Dablin, Trinity College, 2016.

[37] I. Dusparic and V. Cahill, Autonomic multi-policy optimization in pervasive systems: Overview and evaluation, ACM Transactions on Autonomous and Adaptive Systems (TAAS), 7(1): Article 11, 2012.

[38] D. P. Chassin, K. Schneider and C. Gerkensmeyer, GridLAB-D: An open-source power systems modeling and simulation environment, 2008 IEEE/PES Transmission and Distribution Conference and Exposition, 1–5, 2008.

[39] 河野仁，自己身体表象を基にした異なる身体性を有する学習ロボット間での転移学習，科学研究費補助金若手研究，https://kaken.nii.ac.jp/ja/grant/KAKENHI-PROJECT-18K18133/（2022 年 7 月アクセス）

[40] M. E. Taylor, G. Kuhlmann and P. Stone, Autonomous transfer for reinforcement learning. Proceedings of the 7th international joint conference on Autonomous agents and multiagent systems-Volume 1, International Foundation for Autonomous Agents and Multiagent Systems (AAMAS-07), 283–290, 2008.

[41] A. Fachantidis, I. Partalas, M. E. Taylor and I. Vlahavas, Transfer learning with probabilistic mapping selection, Adaptive Behavior 23(1): 3–19, 2015.

[42] Q. Cheng, X. Wang and L. Shen, An Autonomous Inter-task Mapping Learning Method via Artificial Neural Network for Transfer Learning, IEEE International Conference on Robotics and Biomimetics, 768–773, 2017.

[43] H. Kono, A. Kamimura, K. Tomita, Y. Murata and T. Suzuki, Transfer Learning Method Using Ontology for Heterogeneous Multi-agent Reinforcement Learning, International Journal of Advanced Computer Science and Applications, 5(10): 156–164, 2014.

[44] X. Liu and Y. Jin, Design of Transfer Reinforcement Learning Mechanisms for Autonomous Collision Avoidance, Design Computing and Cognition, Springer International Publishing, 339–358, 2018.

[45] H. Kono, Y. Sakamoto, Y. Ji and H. Fujii, Automatic Transfer Rate Adjustment For Transfer Reinforcement Learning, International Journal of Artificial Intelligence & Applications, 11(5/6): 47–54, 2020.

[46] 河野仁，三浦昇三，温文，鈴木剛，強化学習における方策転移度合い決定のための転移曲面の検討，第 24 回画像センシングシンポジウム (SSII2018)，IS2–28，2018.

[47] 河野仁，佐藤弘和，強化学習の転移学習における転移率を用いた再利用方策学習進度の可逆性，東京工芸大学工学部紀要，42(1): 25-30，2019.

[48] 佐藤弘和，大津亮二，池勇勳，藤井浩光，河野仁，強化学習における転移学習のための転移率自動推定法，ロボティクス・メカトロニクス講演会 2020 (ROBOMECH2020)，2A2–J03，2020.

[49] C. E. Osgood, The similarity paradox in human learning: a resolution, Psychological Review, 56(3): 132–143, 1949.

[50] F. Fernández, J. Garcia and M. Veloso, Probabilistic policy reuse for inter-task transfer learning, Robotics and Autonomous Systems 58(7): 866-871, 2010.

[51] F. Fernández, and M. Veloso, Learning domain structure through probabilistic policy reuse in reinforcement learning, Progress in Artificial Intelligence 2(1): 13–27, 2013.

[52] A. Taylor, I. Dusparic, M. Guériau and S. Clarke, Parallel Transfer Learning in Multi-Agent Systems: What, when and how to transfer?, 2019.

[53] H. Kono, R. Katayama, Y. Takakuwa, W. Wen and T. Suzuki, Activation and Spreading Sequence for Spreading Activation Policy Selection Method in Transfer Reinforcement Learning, International Journal of Advanced Computer Science and Applications, 10(12): 7–16, 2019.

[54] 高桑優作，河野仁，温文，鈴木剛，転移学習における心理学モデルを用いた方策再利用手法の検討，第 24 回ロボティクスシンポジア講演論文集，89–96，2019.

[55] Y. Takakuwa, H. Kono, H. Fujii, W. Wen and T. Suzuki, Autonomous Reusing Policy Selection Using Spreading Activation Model in Deep Reinforcement Learning, International Journal of Advanced Computer Science and Applications, 12(4): 8–15, 2021.

[56] Cyberbotics, Webots OPEN SOURCE ROBOT SIMULATOR, https://cyberbotics.com/（2022 年 7 月アクセス）

[57] Hochschule Ravensburg–Weingarten University, Artificial Intelligence Lecture No. 21, https://youtu.be/6F93eeBpuLA?list=PL39B5D3AFC249556A（2022 年 7 月アクセス）

[58] 伊藤一之，実装 強化学習 C によるロボットプログラミング，オーム社，2018.

[59] 東京工芸大学，廃炉環境国際共同研究センター，被災地探査や原子力発電所建屋内情報収集のための半自律ロボットを用いたセマンティックサーベイマップ生成システムの開発（委託研究）—令和元年度 英知を結集した原子力科学技術・人材育成推進事業—，JAEA–Review–2020–062，日本原子力研究開発機構，2021.

[60] Choreonoid ホームページ，https://choreonoid.org/ja/（2022 年 7 月アクセス）

[61] Algoryx, AGX Dynamics Real–time multi–body simulation, https://www.algoryx.se/agx-dynamics/（2022 年 7 月アクセス）

[62] 菅原岬，藤井浩光，河野仁，池勇勳，水の近赤外線の吸光特性を用いた水系領域の 3 次元提，第 21 回システムインテグレーション部門講演会 (SI2020)，118–122，2020.

[63] R. Kataoka, R. Suzuki, Y. Ji, H. Fujii, H. Kono and K. Umeda, ICP-based SLAM Using LiDAR Intensity and Near-infrared Data, Proceedings of the 2021 IEEE/SICE International Symposium on System Integration (SII2021), 100–104, 2021.

[64] 黒田亮，勘の研究，岩波書店，1934.

[65] 上田隆一，詳解 確率ロボティクス—Python による基礎アルゴリズムの実装—，講談社，2019.

索引

著 者 略 歴

河野　仁（こうの・ひとし）
2008 年　東京電機大学工学部第一部情報通信工学科卒業
2010 年　東京電機大学大学院工学研究科情報通信工学専攻博士前期課程
　　　　　修了
2010 年　富士通株式会社入社
2015 年　東京電機大学大学院先端科学技術研究科情報通信メディア工学
　　　　　専攻博士後期課程修了
2015 年　東京大学大学院工学系研究科特任研究員
2017 年　東京工芸大学工学部電子機械学科助教
2022 年　東京工芸大学工学部工学科機械コース准教授
　　　　　現在に至る
　　　　　博士（工学）

編集担当　宮地亮介（森北出版）
編集責任　藤原祐介・福島崇史（森北出版）
組　　版　ブレイン
印　　刷　エーヴィスシステムズ
製　　本　協栄製本

Python で実践する 強化学習と転移学習　　　ⓒ 河野仁　2022

2022 年 8 月 31 日　第 1 版第 1 刷発行　　【本書の無断転載を禁ず】

著　者　河野仁
発行者　森北博巳
発行所　森北出版株式会社

　　　　東京都千代田区富士見 1-4-11（〒102-0071）
　　　　電話 03-3265-8341／FAX 03-3264-8709
　　　　https://www.morikita.co.jp/
　　　　日本書籍出版協会・自然科学書協会　会員
　　　　JCOPY ＜（一社）出版者著作権管理機構　委託出版物＞

落丁・乱丁本はお取替えいたします.

Printed in Japan／ISBN978-4-627-85661-5